AF356908

LE MARI
DE LA DAME DE CHŒURS,

VAUDEVILLE EN DEUX ACTES,

Par MM. Bayard et Duvert,

REPRÉSENTÉ POUR LA PREMIÈRE FOIS, A PARIS, SUR LE THÉATRE DU VAUDEVILLE,
LE 12 DÉCEMBRE 1836.

PERSONNAGES.	ACTEURS.	PERSONNAGES.	ACTEURS.
VERDIÈRES, vieux garçon fat...	M. Bardou.	LOLOTTE, mère de Ninette, ancienne danseuse, ouvreuse de loges	Mme Guillemin
JULES CHEVILLY, jeune élégant.	M. Brindeau.	JOHN, domestique anglais.......	M. Ballard.
MOQUET, tailleur en maillots...	M. Arnal.	Un Domestique.	M. Louis.
NINETTE, sa femme, danseuse coryphée à l'Opéra	Mlle L. Mayer.		

La scène se passe au premier acte à Paris : au deuxième, à Amiens.

ACTE PREMIER.

Le théâtre représente une pièce de l'appartement de Moquet ; chambre de Ninette, à gauche, et de Lolotte, à droite ; çà et là sont étendus des maillots et des formes en bois. Porte au fond, et deux portes latérales. A droite de l'acteur, une table placée devant la fenêtre ; à gauche, un fauteuil, devant la cheminée qui n'a pour tout ornement qu'un miroir incliné.

SCÈNE PREMIÈRE.

JULES, VERDIÈRES, *entrant par le fond.*

VERDIÈRES, *à la cantonnade.* C'est bien ! j'attendrai Moquet ! (*En scène.*) Diable d'homme !.. Il devait sortir ce matin... j'espérais trouver la petite seule...

(Il tire un peigne de sa poche et arrange ses favoris en se regardant dans le miroir.)

JULES, *se glissant dans la chambre.* Personne ne m'a vu entrer... et puisqu'il n'y a pas d'autre moyen de voir la petite...

VERDIÈRES, *devant la glace.* Hein ! quelqu'un !

JULES, *effrayé.* Quel est ce monsieur ?

VERDIÈRES. Eh ! je ne me trompe pas, c'est monsieur Jules de Chevilly !

(Il se retourne.)

JULES. Monsieur Verdières !

VERDIÈRES. Le gant jaune le plus entreprenant du balcon de gauche.

JULES. L'amateur le plus enthousiaste, le plus épileptique de l'orchestre.

VERDIÈRES. Qu'est-ce que vous venez faire ici, mon cher ?

JULES. C'est une question que je ne vous fais pas à vous. Rien que de vous voir chez Ninette, je sens un frisson qui me prend... Je viens trop tard ?

VERDIÈRES, *avec fatuité.* Si j'étais un fat, je vous dirais : oui ! mais j'aime mieux vous dire tout franchement : non !...Cependant, tenez, si j'ai un conseil à vous donner, c'est de retourner à votre balcon en lorgner une autre.

JULES, *déconcerté.* Hein !.. vous avez donc des intelligences dans la place ?.. vous faites votre cour ?.. vous êtes reçu ?.. oui... n'est-ce pas ?..

Air de Partie et Revanche.

C'est indigne ! à l'âge où vous êtes,
Vous faire un plaisir odieux
De nous disputer nos conquêtes !

VERDIÈRES.

Je vous les enlève, c'est mieux,
L'Empire ne ferait pas mieux.

JULES.

A votre âge, il faut qu'on s'arrête,

L'amour est un rude officier;
Il punit ceux qui, passé la retraite,
Ne sont pas rentrés au quartier.

VERDIÈRES. Mauvais plaisant ! et si ces petits anges oublient mes quarante-neuf ans...

JULES , *riant.* Au fait , elles peuvent en oublier quarante-neuf , puisque vous en oubliez dix.

VERDIÈRES, *continuant.* Pour ne remarquer qu'une chose, c'est que j'ai la figure fraîche, le cœur chaud, la jambe fine, l'œil brillant et la taille élégante ! je n'ai pas, il est vrai, une barbe de bouc, des cheveux de marchand de salade ; je ne me suis pas établi derrière une paire de moustaches ; je ne fume pas comme un chasseur de la garde nationale... c'est possible... mais j'ai quelques autres avantages. Oh ! je sais qu'au foyer, ou dans vos avant-scènes, vous parlez de moi en souriant... vous m'appelez vieux fat !.. (*Jules fait un mouvement.*) Eh ! mon Dieu ! je ne vous en veux pas... Il y a des personnes qui ne me trouvent pas si vieux... allez , allez toujours , je fais mon affaire... et je me venge de vous en vous gagnant vos louis à Chantilly, ou en vous enlevant la fleur des danseuses à l'*Opéra.*

JULES. Et vous êtes le plus fin renard !.. Comment ? cette petite Ninette , qui était perdue dans les chœurs... qui en est sortie hier pour la première fois... vous l'avez déjà remarquée !.. vous voilà déjà chez elle...

VERDIÈRES. Vous y êtes bien , vous ?..

JULES. Oh ! moi, c'est différent !.. à vingt-cinq ans , on ne dort pas !.. mais à votre âge...

VERDIÈRES. A mon âge, on ne dort plus... j'ai chanté toute la nuit.

JULES. Ah ! oui... Est-ce que, par hasard, vous qui êtes le plus rude chanteur de romances du Directoire, de l'Empire et de la Restauration, vous donneriez des leçons de chant à la petite ?

VERDIÈRES. C'est possible !

JULES. Vous êtes discret !

VERDIÈRES. Encore un avantage sur vous.

JULES. Allons , soyez bon enfant !.. puisqu'il en est temps encore, cédez-moi le pas !.. que diable !.. ayez pitié de moi... c'est une affaire d'amour-propre... Hier, à l'orchestre, quand j'ai juré que Ninette ne serait pas insensible à mon hommage, ils ont tous ri comme des incrédules, et ils ont parié que j'en serais encore pour mes frais.

VERDIÈRES. Si je m'étais trouvé là, j'aurais tenu le pari.

JULES. Pour moi ?

VERDIÈRES. Non, contre... j'ai la main heureuse... N'est-ce pas contre vous qu'à Chantilly et à Verrière, j'en ai déjà gagné deux ?..

JULES. Oui, ma foi ! j'ai encore ces deux paris-là sur le cœur !.. je suis piqué au jeu !.. et il ne sera pas dit que vous l'emporterez toujours sur moi.

VERDIÈRES *lui tendant la main.* Voulez-vous votre revanche ?

JULES. Soit !.. une poule.

VERDIÈRES. Mille écus chacun.

JULES. Six mille francs à celui qui arrivera le plus vite au cœur de Ninette... à une condition !

VERDIÈRES. Laquelle ?

JULES. C'est que la lutte sera loyale... on ira de franc jeu... sans se dénoncer.

VERDIÈRES. C'est juste ! le mari ne doit rien savoir.

JULES. Ah ! il y a un mari ?

VERDIÈRES. Légitime !.. c'est original !.. et une mère... ancienne bayadère... ouvreuse au balcon de droite... cinq pieds quatre pouces.

JULES. Oh ! la mère, je m'en moque !.. ça m'est égal... Je lui donnerai la poule à manger... mais le mari, qu'est-ce que c'est que ça ?

VERDIÈRES. Un brave homme, qui adore sa femme , un berger, un trumeau , un dessus de porte. Il travaille pour l'*Opéra...* tout ce qui est couleur de chair le regarde.

JULES. Diable !

VERDIÈRES.
AIR des Frères de lait.

C'est un artiste assez cher à nos belles ,
Le confident de nos corps de ballet,
Qui, retouchant les formes naturelles,
Fournit, là-bas, et coton et corset;
A l'un, la hanche, à l'autre, le mollet ;
Il arrondit nos sylphides volages
Par les maillots qu'il leur fait...

JULES, avec enthousiasme.

                    Quel métier !
Si je l'avais, je ne voudrais pour gages
Que le droit de les essayer.

VERDIÈRES, *apercevant Lolotte qui arrive par la porte à droite.* Oh ! la mère !..

SCENE II.

LES MÊMES, LOLOTTE.
(Elle arrive portant son chien sous un bras, sa chauffrette sous l'autre.)

LOLOTTE. Monsieur Verdières, la compagnie, je vous présente bien mes civilités.

VERDIÈRES. Bonjour, ma chère Lolotte...
quel plaisir de vous rencontrer ce matin
chez vos enfans !.. et Florette ?.. Elle va
bien... je dois avoir un peu de sucre pour
elle.

(Il donne du sucre à son chien.)

JULES, *à part.* C'est ça, il fait la cour
à tout le monde.

LOLOTTE. Pauvre bête ! ce n'est pas de
refus... Nous avons passé une si mauvaise
nuit !.. c'est une terrible chose qu'un ca-
tarrhe !.. Dieu vous en préserve, monsieur
Verdières, la compagnie !..

VERDIÈRES. Mais, ma chère, nous n'en
sommes pas là, heureusement.

LOLOTTE. Eh ! monsieur, il ne faut pas
dire... à nos âges, voyez-vous, ça vient
vite... Savez-vous que nous ne datons pas
d'hier, tous les deux... ni même d'avant-
hier?

VERDIÈRES. C'est bien ! c'est bien !

JULES, *souriant.* Ah ! ah ! il y a long-
temps que vous connaissez M. Verdières ?..
(*Galamment.*) Pour vous, cela m'étonne...
avec votre fraicheur... votre grâce...

(Lolotte fait la révérence.)

VERDIÈRES, *bas.* Flatteur !

JULES, *de même.* Je n'ai pas de sucre
dans ma poche, moi! (*Haut.*) Il serait votre père.

VERDIÈRES. Son grand-père... pourquoi
pas ?

LOLOTTE. Ne m'en parlez pas, jeune
homme... C'est lui qui, le premier, vint
m'embrasser le soir de mon début à l'O-
péra, en 1804, l'année du sacre, à Paris,
que même son excellence le pape y était.

VERDIÈRES, *à Lolotte.* C'est sa sain-
teté qu'on dit.

LOLOTTE, *d'un air résolu.* Ah ! bah ! il
est mort.

JULES, *à Lolotte.* Ah ! il y a trente-deux
ans que... Cela commence à compter.

VERDIÈRES. Oh ! j'étais un enfant.

LOLOTTE, *minaudant.* Laissez donc ! un
enfant, mauvais garnement que vous êtes,
allez !

(Elle lui donne un coup de coude. Verdières remonte
un peu la scène en prenant des airs avantageux.)

JULES *riant.* Ah ! ah ! ah ! (*Bas à Verdières.*) Dites donc, si la fille sait aussi bien
les dates que la mère, vous serez distancé.

VERDIÈRES, *bas à Jules.* Allez toujours.

LOLOTTE. Ce n'est pas pour vous hu-
milier, ce que j'en dis là, monsieur Verdières... Eh ! mon Dieu ! il y a des jeunes
gens qui ne sont pas aussi bien conservés
que vous... et si l'on ne savait pas que vous
avez trois fausses dents, un corset et des
mollets...

JULES, *riant.* Ah ! ah ! ah !

VERDIÈRES. C'est faux ! (*A Jules.*) Je
vous assure...

LOLOTTE. Enfin, où est le mal ?... Un
chacun se racornit ; vous pouvez vieillir,
vous; vous avez de quoi.. et on dit que vous
chantez la romance comme un rossignol.
Mais moi, après avoir été ce que j'ai été, être
ce que je suis... quand on a dansé des pas
de trois avec Beaupré et Bigottini... Dieu
de Dieu ! je suis vexée !

AIR : *Restez, restez, troupe jolie.*

Quand on séduisit par ses grâces
Toute un' génération d' français,
Ouvrir des log's, garder des places
Pour la génération d'après...
N'est-c' pas à maigrir de regrets?
Ainsi le temps brise les trônes !
C'est bien humiliant, entre nous,
D'voir les bravos et les couronnes
Se transformer en pièc's dix sous.

(*Avec sentiment.*) On m'a dit qu'il y avait
un des chevaux du couronnement qui traî-
nait un coucou de Charenton, en 1814...
j'apprécie sa disgrâce. (*Changeant de ton,
et avec volubilité.*) Et encore, ces animaux-
là, ça n'a pas la raison de savoir... c'est
moins à plaindre que des êtres organisés.

JULES. Tenez, ma bonne madame Lolotte, il n'y a qu'une seule chose, c'est la
philosophie.

LOLOTTE, *avec un peu d'aigreur.* Oui ;
mais il faut quelque chose avec. Présen-
tez-vous au trésor avec de la philosophie
plein vos poches, du diable si on vous paie
le coupon. (*Reprenant le ton sentimental.*)
Et si je ne suis pas tombée plus bas encore,
je le dois à ma fille ; un ange, monsieur,
un ange... pour l'ame, le talent et les
mœurs... qui serait aujourd'hui premier
sujet à l'Académie Royale, sans ce monstre
de directeur d'avant qui a porté au pinacle
deux ou trois pimbêches d'Allemagne,
d'Espagne, de Cocagne, est-ce que je sais !
Moi qui ai tant vu de révolutions, j'avais
prévu celle-là... aussi, j'ai marié ma Ninette à un...Moquet, qui fait son bonheur
sous tous les rapports, excepté l'argent.

VERDIÈRES. Ça viendra ; elle a dansé
hier un pas avec Mazilier.

JULES. Oh ! avec un charme... et un
aplomb ! elle a enfoncé Mme Alexis.

LOLOTTE. C'est vrai ! en l'absence des
autres. (*Avec onction.*) Quant au directeur
d'aujourd'hui, voilà un amour... qui est
moralement et physiquement incapable de
manquer à une artiste. Il met chacun à sa
place... (que Dieu lui garde la sienne !)
Mais de mon temps, ce début-là aurait fait
un bruit, un éclat !... Moi, le lendemain,
à l'heure qu'il est, j'avais déjà reçu les

hommages de tout le corps diplomatique, telle que vous me voyez !

VERDIÈRES, *ricanant.* C'est-à-dire, telle que vous étiez.

LOLOTTE. Ça s'entend... et un cadeau de trente mille francs, d'un aide-de-camp de sa majesté impériale et royale... oh ! l'Empire ! l'Empire ! (*Elle soupire.*) Si Napoléon m'avait écoutée !

JULES, *étonné.* Vous connaissiez l'empereur ?

LOLOTTE, *se rengorgeant.* Non ; mais j'aurais pu le connaître. J'ai fait Eucharis dans Télémaque, à Ratisbonne. Il nous avait fait venir, et il m'a remarquée ; il l'a dit à M. Gardel ; oh ! Clotilde bisquait ! elle en était jaune.

(Ici, Verdières et Jules rient aux éclats.)

MOQUET, *dans la coulisse.* C'est bien ! c'est bien ! je porte ça à ma femme.

LOLOTTE. Ah ! mon gendre !

JULES. Le mari !

oooooooooooooooooooooooooooooooooooooooooo

SCENE III.

JULES, VERDIÈRES, MOQUET, LOLOTTE.

(Il a sur la tête une couronne de roses, et porte un pot au lait et une tasse dans laquelle se trouve un papier.)

MOQUET, *entrant avec empressement par le fond.* Voilà ! voilà ! c'est tout chaud, et.. Ah ! messieurs, je n'avais pas l'honneur de vous apercevoir.

VERDIÈRES, *lui tendant la main.* Mon cher Moquet...

MOQUET, *lui prenant la main.* Monsieur Verdières...

JULES, *à part.* Ah ! il connaît le mari, la mère, le petit chien... tout le monde.

MOQUET, *avec embarras, à Jules.* Monsieur, je vous demande des milliers de millions de milliards de pardons de me présenter ainsi devant vous.

VERDIÈRES. Mon Dieu ! comme vous voilà coiffé.

MOQUET. Ne faites pas attention... c'est un enfantillage, une puérilité...

LOLOTTE. Cette couronne...

MOQUET, *avec orgueil.* On vient de l'envoyer à mon épouse.

LOLOTTE, *d'un air de dédain.* Une couronne !.. tout ça !

MOQUET, *étonné.* Tiens ! est-ce qu'elle n'est pas gentille ? je la portais à Ninette..

avec un bouillon tout chaud, dans ce pot au lait.

JULES. O ciel ! est-ce qu'elle est malade ?

MOQUET, *souriant.* Du tout, monsieur, du tout ; mais l'émotion d'un premier début... et puis, elle s'est tant fatiguée hier, cette chère poule... c'est une vie si agitée que celle d'une danseuse !.. je n'aurais jamais pu l'être.

LOLOTTE. Le fait est que, maintenant, on fait des pointes qui doivent vous ruiner les orteils.

MOQUET. Et ces orteils-là, c'est notre fortune, à nous... aussi, je vais lui mettre ce bouillon sur l'estomac..., de la compagnie hollandaise.

JULES. C'est très-bien vu, monsieur.

VERDIÈRES. C'est d'un bon mari.

LOLOTTE. Donnez, mon gendre, donnez... je vais porter cela à ma fille... vous avez sans doute à causer avec ces messieurs ?.. je garde Florette.

MOQUET, *regardant la chienne avec mauvaise humeur.* Tiens ! elle vit encore ?.. vilaine bête !

LOLOTTE, *piquée.* Qu'est-ce que vous dites ?

MOQUET. C'est de la chienne que je parle. Est-ce que je suis destitué du droit d'émettre mon opinion ?

LOLOTTE, *à mi-voix.* Grossier, allez !

MOQUET, *avec force.* J'ai dit : vilaine bête... et je répète : vilaine bête. S'il était onze heures, je lui offrirais un bouillon... ce serait le vrai moment. Pardon, messieurs, de cette digression ridicule.

LOLOTTE, *scandalisée.* Quelle horreur ! vous empoisonneriez ma chienne ?

MOQUET. J'en ai le droit ; c'est la loi du talion... et encore, si cet être-là savait faire quelque chose... mais rien ! bête comme une oie !

(Il donne une chiquenaude sur la tête de la chienne.)

LOLOTTE. Quoi ? quelque chose ? ne voulez-vous pas que je lui fasse apprendre l'italien, par hasard ?

MOQUET. Je ne vous parle pas de l'italien. (*A Verdières et à Jules.*) Voilà comme on exagère toujours. (*A Lolotte.*) Mais il y a des chiens qui savent travailler... ça flatte l'œil.

LOLOTTE. Vous êtes d'une belle humeur, ce matin ; qu'est-ce que c'est que ce papier-là ?

MOQUET. C'est une enveloppe à l'adresse de ma femme.

LOLOTTE, *vivement, avec intérêt*. Des billets de banque?

MOQUET, *avec fierté*. Par exemple! Mademoiselle Lolotte, ma femme ne reçoit de billets de banque que de son mari... quand il en a... J'en manque, et je n'en suis que plus à plaindre.

JULES, *à part*. Diable! des principes!

MOQUET. Ça, ce sont des vers d'un jeune poète de l'Opéra, qui en fait pour toutes ces dames, et qui prouvent que l'auteur aurait un talent réel... pour écrire des ballets.

LOLOTTE. Ah! des *verses!* des *verses!* Joli moyen de faire sa cour! Sous l'Empire, on lui aurait envoyé une voiture à deux chevaux... avec le cocher, les laquais... et une écurie pour les loger.

MOQUET, *frappant du pied*. Allons! la v'là encore avec son Empire! (*A Verdières*.) Je ne connais pas de sergent de la vieille garde... Croiriez-vous que la semaine dernière, elle a passé cinq heures d'horloge, par une pluie battante, devant l'arc-de-triomphe, à examiner les allégories colossales de cet édifice! Est-ce une fonction à remplir pour une femme d'age? Je le demande à quiconque.

LOLOTTE, *indignée*. S'il est permis ..

MOQUET. Allez donc, belle-mère, allez donc! le bouillon refroidit!.., ah! j'oubliais!... (*Il lui met la couronne sur la tête.*) allez, maman!

AIR : *Venez, qu'en mes bras je vous presse.*
Présentez lui ce double hommage
Du public et de son mari!
Portez et couronne et potage
A cet objet tendre et chéri...
L'un et l'autre, je les lui donne.
Secondez mon intention;
Coiffez-la de cette couronne,
Et qu'elle avale ce bouillon. (*bis.*)

ENSEMBLE.

Présentez-lui ce double hommage, etc.
JULES *et* VERDIÈRES.
Présentez-lui ce double hommage, etc.
(*Lolotte sort par la droite.*)

SCÈNE IV.
JULES, VERDIÈRES, MOQUET.

JULES, *bas à Verdières*. Dites donc, vous allez me présenter?

VERDIÈRES, *bas*. Du tout!... du tout!.. chacun pour soi.

MOQUET, *descendant entre eux*. Je suis sûr que ma belle-mère vous parlait de ses anciens triomphes?.. le fait est que c'était une belle Vénus sous le Directoire. (*En ricanant.*) A cette heure, nous tournons un petit peu à la momie; je ne lui en veux pas pour ça.

JULES. Elle paraît fort gaie, fort aimable!...

MOQUET, *avec mauvaise humeur*. Elle?.. une vieille chipie qui me fait enrager, qui paralyse les dispositions que j'aurais à engraisser!.. et c'est au point qu'il y a des momens... (parole d'honneur, vous me croirez si vous voulez), il y a des momens où je regrette de n'avoir pas soixante mille livres de rente....

VERDIÈRES. Vous n'êtes pas le seul.

MOQUET. Pour pouvoir lui dire : Voilà cinquante francs par mois ; allez demeurer chez vous, emportez votre chienne, faites-la confire, faites-la empailler : mais laissez-moi la paix de mon foyer domestique!... laissez-moi la paix! voilà ce que je lui dirais... mais je ne puis!.. je suis retenu par la vénération... ah! si elle n'était pas la mère de sa fille!..

JULES. Ah! sa fille!.. c'est un joli mariage que vous avez fait là, monsieur Moquet!

MOQUET, *avec amour*. Charmant, monsieur!.. il n'y a pas de jour, il n'y a pas de soir, il n'y a pas de... que je ne m'en applaudisse! c'est la bonté, c'est la vertu, c'est le rassemblement de toutes les qualités. (*Il remonte de deux pas, et dit d'un ton imposant.*) Messieurs! voilà ce que je puis vous dire...c'est le rassemblement de toutes les qualités. Il n'y a que la mère!.. ah!..

VERDIÈRES. Bel éloge dans la bouche d'un mari!

JULES, *à part, en riant*. Oui; mais dans celle d'un gendre!..

MOQUET. Et quoique ma pauvre Ninette ne soit qu'une simple dame de chœurs, je la préfère à une foule de premiers sujets.

VERDIÈRES. Vous vous y connaissez, vous qui fournissez des maillots à tout le personnel de l'Opéra.

MOQUET, *d'un air suffisant*. Mais oui, un peu... je sais le secret de ces délicieux tibias qui font délirer l'orchestre!.. coton... et les formes ravissantes qui font pâmer les avant-scènes... coton!.. et mademoiselle... (*il parle bas à Jules.*) coton!.. et madame... (*il parle bas à Verdières.*) coton!.. Eh! mon Dieu! toutes ces beautés qui font crier merveille... si on leur ôtait ce qu'elles s'ajoutent... qu'en resterait-il?.. (*Il rit aux éclats ; puis, prenant tout-à-coup le ton sérieux.*) mais je m'arrête.... le maillot est une chose de confiance, je n'en dirai pas plus.

JULES. Mais madame Moquet?..

MOQUET. Mon épouse? ce n'est pas pour me vanter... mais les détails... je puis vous le dire à vous qui êtes un ami... (*à Verdières*) car monsieur est un ami... votre ami?

VERDIÈRES, *vivement.* Non pas, non pas... je ne connais pas monsieur.

MOQUET, *à part, d'un air fort surpris.* Comment, il ne connaît pas monsieur!

JULES, *bas.* Eh! mais...

VERDIÈRES. Qu'il fasse ses affaires lui-même.

JULES. C'est juste.

MOQUET, *regardant Jules avec embarras.* Mais alors je n'ai pas l'honneur de connaître... (*A part.*) Il y a comme ça une foule de voleurs qui s'introduisent chez les danseuses, pour y dérober bijoux et autres.

JULES, *embarrassé.* J'ai pensé que je pouvais venir comme monsieur...

MOQUET. Comme M. Verdières? je vous trouve à croquer!.. nous le connaissons, lui, c'est lui qui nous a mariés.

JULES, *à part.* Le sournois! il ne me l'avait pas dit!

VERDIÈRES, *à part, se frottant les mains.* On va le mettre à la porte!.. bien!..

MOQUET. Ainsi, monsieur...

JULES. *balbutiant.* Monsieur.... monsieur... je suis artiste... oui, je suis artiste... et, en ma qualité d'artiste... je venais... je venais...

MOQUET, *à Verdières.* Il se répète beaucoup, ce monsieur...

JULES, *vivement.* Je venais commander plusieurs maillots de danseurs... une trentaine de maillots...

MOQUET, *étonné.* Trente? trente maillots?.. donnez-vous donc la peine de vous asseoir, monsieur...

VERDIÈRES, *à part.* Pas mal! pas mal!

MOQUET, *le regardant aux jambes.* Mais monsieur est donc dans la partie? (*A part.*) c'est quelque danseur de corde... il est bancal!

JULES. Monsieur... monsieur... je suis directeur d'une troupe qui va en province...

MOQUET. Equestre?

JULES. Non, monsieur... de danseurs, qui partent pour le théâtre de Toulouse.

MOQUET, *à part.* C'est ça! physique d'acrobate. (*Haut.*) Monsieur Verdières! hein! comme elle a dansé hier, ma femme.. quel succès!.. j'en suis malade d'émotion!.. et quand je pense qu'elle a été sur le point de partir pour Londres!..

JULES. Votre femme?..

MOQUET. Oui, monsieur... pour débuter à *Covint-Gardin*... un engagement magnifique!... quinze mille francs! c'était pour ce soir... les malles étaient faites, les paquets tout prêts .. ils le sont encore... les places retenues à la malle-poste ici près..

JULES. Eh quoi! monsieur Moquet, vous laisseriez aller madame Moquet à Londres?.. le pays des séductions?

MOQUET, *avec dignité.* Je ne crains rien, monsieur... et pourtant je suis jaloux! jaloux!.. (*Avec gentillesse.*) Nous avons nombre de tigres dans le Bengale qui sont plus endurans que moi sur cette matière... (*Avec enthousiasme.*) mais une femme comme la mienne!.. et puis, entre nous, mon épouse y allait à contre-cœur... elle m'aime tant!.. mais plus tard, nous verrons, quand ce cher M. Verdières lui aura encore donné une douzaine de leçons de chant... pour chanter la romance...

JULES, *un peu ému.* Des leçons!... permettez.... M. Verdières lui donne des leçons?..... (*Bas à Verdières.*) Ah ça! mais des duos, des romances, ça vous avance joliment!

VERDIÈRES, *bas à Jules.* Est-ce que vous reculez déjà?..

MOQUET. Et vous concevez... quand elle pourra chanter et danser tout à la fois... il nous pleuvra des engagemens. (*A Jules, d'un air confidentiel.*) Ça va-t-il un peu, la danse de corde, dans le midi?

JULES, *étonné.* Comment?...

(Verdières remonte un peu la scène en dissimulant son envie de rire.)

MOQUET, *toujours fort sérieusement.* Ici, c'est tombé, Bobino joue des drames, et Mme Saqui entreprend Racine.

(On entend une clarinette au-dehors.)

VERDIÈRES. Qu'est-ce que c'est que ça?

MOQUET, *avec humeur.* Ne m'en parlez pas! c'est un voisin, un jeune homme qui est de notre orchestre, et qui dresse sa plainte sur sa clarinette, du matin au soir. J'aimerais assez que le ciel le confondît!

SCENE V.

LES MÊMES, NINETTE, *enveloppée dans un châle et coiffée d'un bonnet du matin.*

NINETTE, *entrant par la gauche.* Eh! mais, j'ai entendu... (*Les apercevant, elle s'arrête.*) Ciel!...

VERDIÈRES, *avec galanterie.* Eh! mille hommages à la délicieuse Ninette!

JULES. Madame.. (*A part.*) Ah! qu'elle est jolie comme ça!...

NINETTE, *les saluant.* Messieurs...

(Verdières lui baise la main.)

JULES, *à part*. Dieu ! si je pouvais attraper l'autre !..

MOQUET. Tu as froid ?... attends, ma bonne, attends, chère amie... je vais fermer la fenêtre.

(Pendant que Moquet se dirige vers la fenêtre, Jules baise vivement l'autre main de Ninette qui jette un cri.)

NINETTE. Ah !

MOQUET, *se retournant sans avoir fermé la fenêtre*. Quoi donc ?

NINETTE, *émue*. Rien, ce n'est rien.... (*A part, regardant Jules.*) Il est aventureux, ce jeune homme.

VERDIÈRES. Vous paraissez souffrir, mon ange ?..

NINETTE. Oui, un peu, j'ai des vapeurs ! les nerfs malades... (*A part.*) Je crois que c'est lui qui m'a fait compliment hier, d'un air si drôle... (*Vivement à Moquet qui retourne à la fenêtre.*) Oh ! ne fermez pas la fenêtre... (*A part.*) Je n'entends plus sa clarinette.

MOQUET, *avec tendresse*. Assieds-toi donc !.. Comme elle a l'air ondoyant ! (*Il lui donne un baiser, et dit avec emphase.*) Tu es belle, va... je vas te donner un fauteuil...

(Il emporte la chaise sur laquelle Ninette allait s'asseoir, et va chercher un fauteuil au fond; Verdières va chercher un tabouret, tandis que Jules s'approche d'elle.)

JULES, *bas*. Ninette, il faut que je vous voie ce soir... dans votre loge... je vous aime !...

NINETTE, *sévèrement*. Monsieur !...

MOQUET, *toujours avec tendresse*. Tiens ! assieds-toi... repose-toi... ménage-toi... mon houri... (*Gaîment à Jules.*) C'est mon houri... du paradis de Mahomet !

VERDIÈRES, *mettant le tabouret sous les pieds de Ninette*. Tenez, ma colombe... mettez vos petits pieds là-dessus. Prendrez-vous une leçon de chant, ce matin ? (*Bas.*) J'ai à vous parler... mon amour me tue..

NINETTE. Monsieur... (*On entend de nouveau la clarinette, Ninette s'écrie avec joie.*) Ah !

MOQUET. Hein !... c'est cette clarinette qui te fait mal, n'est-ce pas ?.. (*contractant ses doigts avec impatience*) elle m'agace tout le système.

NINETTE, *à part*. C'est lui !... j'en étais sûre... j'avais reconnu sa ritournelle.

JULES. Madame ne va pas à la répétition, ce matin ?

NINETTE. Non... j'ai rendez-vous chez le directeur, plus tard... (*Bas à Moquet.*) Qu'est-ce que c'est que ce petit ?...

MOQUET, *bas*. Un funambule de province venant pour des maillots.

NINETTE. Ah ! fi donc !...

VERDIÈRES, *appuyé nonchalamment sur le dos du fauteuil*. Puisque vous n'allez plus à Londres... nous allons prendre leçon... nous chanterons.

(*Il chante avec affectation.*)
Rendez-moi ma patrie,
Ou laissez-moi mourir.

MOQUET, *à part, voyant que Verdières ne peut pas se tirer de son point d'orgue*. C'est un bon professeur ; mais il n'exécute pas.

NINETTE. Merci, merci, monsieur Verdières, je ne chanterai pas... j'ai les pieds trop fatigués... (*A part.*) Plus il va, plus je le déteste, le vieux !..

MOQUET, *l'embrassant sur le front*. Pauvre petite femme !... (*avec tendresse*) tu es mon Héloïse, toi, et moi, je suis ton Abei... (*S'arrêtant tout-à-coup, et criant avec une sorte d'effroi.*) Non, non ! (*avec tendresse*) tu es ma Laure, et je suis ton Plutarque. (*A part.*) J'aime mieux ça !

NINETTE. J'ai besoin d'être seule !... (*à part, regardant la fenêtre*) pour me recueillir.

MOQUET. Tu veux être seule, mon amour ? (*A Verdières et à Jules.*) Elle veut être seule, mon amour.

JULES, *à part*. Seule !... bravo !... je reviendrai...

VERDIÈRES, *à part*. Ça a déjà des airs de premier sujet.

MOQUET, *quittant sa femme, et venant au milieu d'eux*. Dam ! messieurs, je n'aurais pas osé vous le dire... mais, puisque c'est sorti de la bouche des grâces...

VERDIÈRES, *lui donnant la main*. Certainement... Adieu, mon cher, je vais chez votre directeur, lui recommander la petite... (*Moquet se retourne vers Jules pour prendre congé de lui; Verdières revient à Ninette. Bas.*) Il faut enfin que vous vous expliquiez, méchante...

JULES, *à Moquet*. Adieu, monsieur, je reviendrai bientôt... causer de ma commande. (*Moquet se retourne vers Verdières; Jules s'approche alors de Ninette.*) Prétexte pour vous revoir souvent.

VERDIÈRES, *à Jules*. Eh bien ?... eh bien ?...

> MOQUET, *à Verdières*.
>
> AIR : *Je saurai bien le faire marcher droit.*
> Portez-vous bien, et je compte sur vous !
> Mais revenez, car je vous considère
> Comme un ami, comme un dieu, comme un père !
> (*Il va ouvrir la porte.*)
> JULES, *bas à Verdières.*
> La chance est trop inégale entre nous.
> VERDIÈRES, *de même.*
> Vous renoncez au pari ?
> JULES, *de même.*
> Non, j'y tiens !

Morbleu ! je gagnerai quand même!

(On entend la clarinette.)

NINETTE, *à part.*

Il joue encore ! ah! que ça fait de bien

Du souffle de celui qu'on aime !

ENSEMBLE.

MOQUET.

Portez-vous bien, et je compte sur vous ;

Mais revenez car je vous considère

Comme un ami ,comme un dieu, comme un père !

Tout mon plaisir est de vous voir chez nous.

VERDIÈRES.

Vous obliger, c'est mon bien le plus doux ;

Car comme un fils, moi, je vous considère...

Mon cœur d'ami, mes sentimens de père,

Sauront bientôt me ramener chez vous.

JULES, *bas à Ninette.*

Allons, je pars ; mais pour un soin plus doux

Je reviendrai bientôt, oui, je l'espère ,

Je crois savoir ce qu'il me reste à faire...

Adieu, Ninette, adieu, je suis à vous !

(Ils sortent.)

SCENE VI.
NINETTE , MOQUET.

MOQUET, *revenant à Ninette, après avoir fermé la porte.* Enfin, les voilà partis... on peut donc être seul avec ses amours... pour baiser ses petits doigts... ses petits pieds... (*Il se met à genoux devant elle.*) Que tu es gentille, va... je voudrais te manger !

(Il lui prend les mains et les baise avec transport.)

NINETTE. Moquet, tu m'aimes trop... Ah! tu me mords!..

MOQUET, *un peu stupéfait.* C'est possible! c'est la passion! (*Reprenant le ton caressant.*) Ce qui m'ennuie, c'est qu'on vienne toujours rôder autour de toi!... mais ça m'est égal!.... tu es à moi, n'est-ce pas?... à moi!.. à moi!.. à moi!. toujours et continuellement?...

NINETTE. Tu en doutes, petit ingrat?.. (*A part, en regardant la fenêtre, d'un air triste.*) Il ne joue plus!...

MOQUET. C'est que je suis un peu jaloux.. un peu beaucoup même. Souvent, la nuit quand je sommeille... (*il dit les premiers mots de cette phrase, de manière à rappeler l'air qu'elle indique*) je m'éveille en sursaut, et je dis : (*allongeant le bras d'un air furieux, par-dessus sa femme*) Scélérat !

NINETTE, *souriant.* Quelle folie !

MOQUET, *tendrement.* Oui, c'est une folie... c'est que... si je craignais que tu me fisses... (*Mouvement de Ninette.*) Eh bien ! non, non, je ne crains pas ! (*Il a les genoux tantôt par terre, tantôt sur le tabouret, et paraît fort gêné de cette alternative.*) Vois-tu, ma Ninette, je passerais ma vie dans cette position aussi délicieuse..... qu'incommode...

NINETTE, *se levant.* Et tu le dois, Moquet ; car, moi, je t'ai tout sacrifié.

AIR : *Belle couturière.* (Bal d'Ouvriers.)

Oui, pour rester sage

Et n'pas faire outrage

Au nœud qui m'engage,

Vois ce que j'ai fait :

Les brillant's parures,

Les riches voitures,

Les nobles fourrures,

Ont bien quelqu' attrait !

J'n'ai pas d' cach'mire ,

D'bijoux qu'on admire ,

Pourtant, quand je m'mire,

Je n' me trouv' pas mal ;

Quand j'mets ma bell' chaîne,

J'entends avec peine

Dire à l'avant-scène :

C'est du chrysocal !

Et pourtant si je voulais...)

Mais non, non, jamais !   }   (*bis.*)

Et tout ça, (*bis.*))

Pour cet homm' là !

MOQUET.

Même air.

Moi, si quelqu' duchesse ,

Epris' de tendresse,

V'nait dans son ivresse,

Me dir' : Beau Moquet !

J'aime ta tournure,

Ta douce figure ;

Je pris' ta chev'lure ,

Ton p'tit nez coquet....

Et si quelqu' danseuse,

V'nait, bien amoureuse,

M' dir' : rends-moi z'heureuse ,

Réponds à mes vœux !

Je t'aim' sans partage.

Cède à mon langage ;

Je n'demand' pour gage

Qu'un' mèch' de tes ch'veux !

Je r'fus'rais,)

J' m'sauv'rais,)

T'nant mon chef,   }   (*bis.*)

Comm' Joseph...)

Et tout ça, (*bis.*))

Pour cette femm' là !

(*Il se jette de nouveau à deux genoux devant Ninette, et lui baise les mains, lorsque Lolotte entre par la droite ; elle a mis son chapeau, un châle et des socques.*)

SCENE VII.
NINETTE, LOLOTTE, MOQUET.

LOLOTTE. Là! vous voilà encore à ses genoux!... Ah! que c'est bête!... mon Dieu! que c'est bête!...

MOQUET, *se levant et époussetant ses genoux.* Que le diable vous emporte, Lolotte! vous nous dérangez toujours!...

NINETTE, *regardant du côté de la fenêtre.* Et elle fait bien!...

LOLOTTE. C'est que ça n'a pas le sens commun!... toujours à ses pieds!... vous les empêchez de travailler! Si c'est comme ça que vous espérez faire fortune tous les deux!.. (*Bas à Ninette.*) Tu me diras pourquoi tu pleurais tout-à-l'heure dans ta chambre?...

NINETTE *à part.* O ciel !

(Elle reste pensive devant la fenêtre, sans prendre part à la scène.)

MOQUET, *avec impatience.* Eh ! mon Dieu ! maman, on dirait que de votre temps une danseuse avait toujours le pied en l'air comme le cheval de la place des Victoires, et qu'un mari était un jobard...

LOLOTTE. D'abord, de mon temps on ne se mariait pas... Ah ! bien oui, se marier, quelle idée ! (*se rengorgeant.*) on restait demoiselle...

MOQUET, *riant très-fort.* Ah ! ah ! ah ! vous appelez ça rester demoiselle ?.. vous êtes bien honnête ! merci !

LOLOTTE, *fâchée.* Oui, monsieur Moquet, quand vous rirez comme un fanatique ! (*avec dignité*) on marchait à la gloire et à la fortune, dans ce temps-là... et on y arrivait.

MOQUET, *d'un air goguenard.* Possible ! mais il paraît qu'on n'y restait pas long-temps.

LOLOTTE, *avec fierté.* Apprenez, monsieur Moquet, que si je n'ai rien, c'est que j'ai tout mangé.

MOQUET. A qui le dites-vous ?..

LOLOTTE. Des cent, des deux cent, des trois cent mille francs... Sous l'Empire, les grands officiers de la couronne n'y regardaient pas... avec le corps de ballet... j'avais équipage, hôtel, cuisinier, maison de campagne !

MOQUET, *se croisant les bras, et d'un air de reproche.* Et vous avez tout consommé ? (*gaîment.*) ah ça ! mais... vous donniez donc des festins... de Balthazar... chez vous... comme dans la gravure ?

LOLOTTE, *vivement et avec aigreur.* Est-ce que vous croyez qu'on pouvait recevoir la cour, et leur donner des diners à vingt-deux sous ?

MOQUET, *riant.* Ah ! bien ! je vous conseille d'y aller aujourd'hui à la cour, avec votre chaufferette et votre caniche !.. le factionnaire vous courra dessus, très-bien!

LOLOTTE. La cour ! la cour ! mais est-ce que vous savez ce que c'est qu'une cour ? avec votre budget, qui étrangle tout ce qu'il y a de mieux.

MOQUET, *d'un air dédaigneux.* Hein? le budget étrangle quelqu'un ! qu'est-ce que vous dites ?..

LOLOTTE. Je parle des appointemens... au figuré. Des appointemens !.. mais il n'y en a plus d'appointemens : votre budget a mis en circulation un tas de paltoquets, des moitiés d'agent de change, des courtauds de ministère, des vaudevillistes, des hommes d'état, des barbouilleurs de jour-

naux, qui infectent le cigare, et qui viennent s'établir gratis dans le salon des danseuses... (*Avec mépris et indignation.*) Allez donc vous coucher, vilain monde que vous êtes !

MOQUET, *à part, avec surprise.* Qu'est-ce qu'elle a donc ?

LOLOTTE, *s'animant de plus en plus.* Aussi, qu'est-ce qui en résulte ? qu'il n'y a plus d'Opéra, que l'art se perd, et que la gloire est à rien. (*Avec mépris.*) On épouse des coiffeurs, des auteurs, des tailleurs...

MOQUET, *se retournant vivement et avec fierté.* Ah ! mais... ah ! mais... est-ce pour moi que vous dites ça ?

LOLOTTE. On rogne, on se prive ; la belle poussée !

Air de Masaniello.

Comme un' cuisinière rapace,
Tout l'argent qu'on doit à sou jeu,
A la caiss' d'épargne on le place ;
L'Opéra devient pot-au-feu !
Pour une artist', pour une femme,
N'est-c' pas un sort bien agaçant
De se tuer le corps et l'ame,
Pour n'en tirer que quat' pour cent !

MOQUET, *à part.* Elle ragera toute sa vie... Ah ! Calypso en demi-solde, va ! (*Haut.*) Est-ce que vous sortez, que vous voilà ornée de vos socques ?

LOLOTTE. Vous savez bien que je conduis Ninette chez son directeur... n'est-ce pas, Ninette ?

MOQUET. A la bonne heure ! dépêchez-vous.

LOLOTTE, *bas à Ninette.* Qu'est-ce que tu as donc toujours à regarder la fenêtre ?

NINETTE, *troublée,* Oui, oui, maman, je vais m'habiller.

MOQUET, *avec un sentiment de bonheur.* C'est donc aujourd'hui que son sort se décide... qu'on la met à sa place... (*Lolotte se place entre Ninette et Moquet, qui lui tient le bras gauche, tandis que Ninette lui tient la main droite.*) O Dieu !... oui, oui, nous aurons aussi une maison, un appartement magnifique, une voiture, et tout ça, sans que les moeurs aient gémi... et nous ferons un sort à la mère !

NINETTE, *la caressant.* Cette pauvre mère !

MOQUET, *de même.* Nous la mitonnerons.

NINETTE. Et si jamais nous avons soixante mille livres de rente !...

MOQUET, *vivement.* Oh ! son compte est fait !

LOLOTTE, *pleurant d'attendrissement.* Vous m'émouvez, mes enfans... vous m'émouvez... (*Elle embrasse Moquet sur les deux joues ; Moquet le lui rend, et elle con-

tinue avec expansion.) Oui, tu gagneras tout ça, ma fille, tu le gagneras... tu as dansé hier comme un bijou ! au commencement surtout... à la fin il y a eu un écart équivoque.

NINETTE, *modestement.* Vous trouvez ?

MOQUET, *avec fermeté.* Ce n'est pas vrai ! illusion !

LOLOTTE. Je vous dis que si.

MOQUET. Illusion pure !

LOLOTTE. Tenez, c'est au moment où ce petit jeune homme de l'orchestre s'est trouvé mal.

NINETTE, *à part.* Pauvre Adolphe !

MOQUET. Vous avez vu ça par votre lucarne ; mais je dois le savoir, moi qui étais au milieu du parterre, à applaudir comme un battoir... j'en ai encore des ampouilles.

(Il regarde ses mains.)

LOLOTTE, *étonnée.* Vous?.. vous claquiez ?

MOQUET. Tiens ! pourquoi pas ?.. ma femme !.. c'est permis... et si ces messieurs ne claquaient que leur famille, il n'y aurait rien à dire !..

LOLOTTE. Tout ça n'empêche pas que Ninette n'ait dansé faux... son pied gauche n'a pas d'oreille... et pourtant ce pas là est si facile !..

NINETTE. Ah ! facile !.. pas trop !..

MOQUET. Je voudrais bien vous y voir, vous, avec vos grâces de 1804.

LOLOTTE. Tiens ! il ne faudrait pas me presser beaucoup.

MOQUET. Allons donc !.. vous n'oseriez pas !.. pour vous disloquer !..

LOLOTTE. Moi !..

MOQUET, oui, vous.

LOLOTTE. Oh ! vous m'en défiez ?

MOQUET. Certainement !

LOLOTTE, *jetant son châle à Ninette.* Tiens, mon enfant, je vas te donner une leçon.

MOQUET, *au comble de l'étonnement.* Quoi! elle va danser ?.. ah ! ah ! ah ! par exemple, je prends un billet de première ! (*avec importance.*) pas d'orchestre !

LOLOTTE, *ôtant son chapeau.* Tiens-moi ça !.. et vous allez voir !.. ah ! et mes socques !..

(Elle les ôte.)

MOQUET, *riant.* Dis donc, Ninette, ta mère qui va te donner une leçon !.. ah ! ah ! ah !

NINETTE. Il ne faut pas vous moquer d'elle, monsieur ; c'était une belle danseuse !..

MOQUET, *riant toujours.* Je l'ai ouï dire à mes aïeux.

LOLOTTE, *se posant pour danser.* Voilà!.

(On entend la clarinette ; Ninette se rapproche de la fenêtre.)

MOQUET, *se jetant sur le fauteuil à droite.* Tiens ! tiens ! tiens !.. la clarinette ! juste le pas de quatre que tu a dansé hier.

NINETTE, *à part.* Il ne joue que ça du matin au soir.

MOQUET, *à part, tandis que Lolotte se prépare à danser, et pendant la ritournelle de l'orchestre.* Qu'est-ce que nous allons voir ? (*Lolotte commence son pas, Moquet rit aux éclats.*) Eh bien ! eh bien !.. le diable m'emporte, elle danse !.. la voilà partie !

(*Il chante à demi-voix.*)
Hanneton! vole, vole, vole...
Ton mari est à l'école...

NINETTE, *de loin, à Moquet.* Voulez-vous bien vous taire ?.. pauvre mère !.. at-elle encore du jarret !..

MOQUET, *la regardant, et suivant du geste tous ses mouvemens.* Est-il possible de se décarcasser comme ça ? (*Riant plus fort.*) Ah ! ah ! ah ! arrêtez donc !.. ô louqsor ! louqsor ! louqsor ! (*se tordant*) ah ! ah ! je n'en puis plus ! jai la rate prise ! oh ! oh !

LOLOTTE, *se renversant avec grâce.* Hein! une branche de saule !

MOQUET. Pleureur ! pleureur !.. gare derrière !

LOLOTTE, *dansant toujours.* Qu'est-ce que vous dites de cette passe-là ?.. Augereau en était fou !..

MOQUET, *riant.* Casse-cou! prenez garde à la commode.

(Aux dernières mesures du pas, Lolotte se dessine gracieusement et se dirige de côté, vers Moquet.)

LOLOTTE. Soutenez-moi !

MOQUET, *effrayé, se levant précipitamment, et laissant Lolotte tomber exténuée sur le fauteuil.* Soutenez-vous vous-même... (*A Lolotte, quand elle est assise.*) Je vous demande un peu, à votre âge, se permettre des écarts de cette nature-là !

NINETTE. Ah ! que c'est bien ! et que je voudrais danser comme ça !..

MOQUET, *avec autorité.* Je te le défends, entends-tu !.. (*A Lolotte, se penchant vers elle.*) Vous ne vous êtes rien démis, la mère ?

LOLOTTE, *rayonnante.* Il me semble que je n'ai que vingt ans, et que je suis redevenue déesse !..

MOQUET, *après l'avoir regardée un instant sans rien dire, dit, comme pour la satisfaire, et très sérieusement.* Allons, c'est très-bien ! c'est très-bien !

(On entend un coup de sonnette.)

NINETTE. On sonne !..

MOQUET, *à Lolotte d'un air goguenard.*
Eh bien ! déesse... allez ouvrir la porte...

LOLOTTE, je ne peux pas, je suis tout
essoufflée !

MOQUET, *redescendant la scène et à part.*
Je le crois bien !.. des pas comme ça !..
j'aimerais mieux être cheval des hiron-
delles. (*On sonne encore.*) On y va !..

AIR *de l'Apothicaire.*
Ma parol', j'en suis tout saisi,
Diable de Vénus que vous êtes...
Est-ce en vous démanchant ainsi
Que vous faisiez tant de conquêtes ?
LOLOTTE, *avec fierté.*
Oui, mon cher, après un tel pas,
Les plus fiers dev'naient mes esclaves !
MOQUET, *à part.*
Dam ! dans ce temps-là, je n'dis pas...
L'empire ! c'était l'époque des braves.

LOLOTTE, *se levant.* Hein ? qu'est-ce
que vous dites ?.. qu'est-ce qu'il a dit ?..

(Elle s'arrête et regarde Ninette.)

SCÈNE VIII.
NINETTE, LOLOTTE.

NINETTE, *toujours à la fenêtre.* Je ne l'entends plus !..

LOLOTTE. Ninette ?..

NINETTE. Maman ?..

LOLOTTE. Qu'est-ce que tu regardes encore là ? tu as le teint animé... les yeux
humides.

NINETTE, *vivement, poussant la fenêtre.*
Je n'ai rien du tout... voulez-vous m'aider
à m'habiller.

(Elle va se placer devant le miroir, à gauche ; Lolotte est derrière elle.)

LOLOTTE. Avec plaisir... à condition que
tu me diras tout...

NINETTE. Quoi donc ?

LOLOTTE. Ah ! ce n'est pas moi qu'on
trompe ! je ne suis pas sans connaître les
ravages du cœur humain... passe-moi ta
ceinture. (*Avec sentiment.*) nous sommes
toutes mortelles, mon enfant... mon Dieu !..
tu n'es pas busquée aujourd'hui... tu as
tort... ça dessine la taille.

NINETTE, *donnant la ceinture.* Oui, maman... la voici...

LOLOTTE, *attachant la ceinture de Ninette.* Ninette, tu as quelque chose... tu
deviens rêveuse... tu pleurniches en ca-
chette... tu n'as plus le cœur à la danse...
avoue, mon enfant, avoue... confie tes cha-
grins dans le sein maternel.

NINETTE, *se jetant dans ses bras.* Ah !
maman... je n'en puis plus... j'étouffe...
j'en mourrai.

LOLOTTE, *effrayée.* Qu'est-ce que c'est ?
tu me surprends. (*Avec fermeté.*) D'abord,
on n'en meurt pas... une !

NINETTE. Oh ! si fait.

LOLOTTE. Quand je te dis que non...
(*L'habillant toujours.*) Cambre-toi un peu.
(*Elle la prend doucement par la main, l'a-
mène sur le devant de la scène, et lui dit avec
douceur :*) Çà, voyons, voyons... tu consi-
dères quelqu'un ?

NINETTE. Ah ! c'est plus fort que moi...
j'ai résisté long-temps, voyez-vous ?.. mais
il est si bon, si aimable.. il m'aime tant !

LOLOTTE. Et toi, pauvre chérie ! ça t'af-
fecte ? eh bien ! quand tu t'abîmeras les
yeux de pleurer...

NINETTE. Ah ! quand on a un mari qui
vous adore, qu'on aime, qui est aux petits
soins pour vous...

LOLOTTE, *d'un air de compassion.* C'est
bien dur pour lui... pauvre cher homme !
(*Sèchement.*) Il n'est pas beau, je te le dis.
(*Avec onction.*) Mais ce n'est pas une raison : la beauté est une chose qui passe, et
certainement, je ne te conseillerai jamais
des inspirations qui ne sont pas à conseil-
ler... qu'est-ce que c'est, l'autre insolent ?

NINETTE, *tremblante.* C'est un artiste...
sans fortune... comme moi... un musicien.

LOLOTTE, *avec explosion, et jetant un cri.*
Ah ! quelle horreur !

NINETTE. Mais il est très-bien, au contraire... et puis, il m'aime... à en devenir
fou... et tiens ! hier, quand j'ai fait un faux
pas, c'est lui qui s'est trouvé mal à l'orchestre.

LOLOTTE, *avec mépris.* Un musicien !
(*Avec dignité.*) Ma fille, vous savez ce que
vous devez à votre mari... et j'espère bien
que tu n'as pas de remords à te faire ?

NINETTE. Ah ! jamais, jusqu'à ce jour,
je n'ai pas voulu l'écouter .. mais il est si
pressant, si malheureux !

LOLOTTE, *d'un ton sentencieux.* Un artiste qui n'a pas le son est toujours malheureux.

NINETTE. Aussi, n'ai-je pas pu lui refuser...

LOLOTTE, *vivement.* Quoi donc ?

NINETTE. Un rendez-vous pour ce soir,
avant le ballet.

LOLOTTE, *vivement.* Tu n'iras pas. *Avec
autorité.*) Ninette, tu n'iras pas ; je te défends de t'y rendre... un rendez-vous !

NINETTE. Mais il est accordé, ma mère ;
il en mourrait.

LOLOTTE. Je te dis qu'il n'en mourra
pas, ni toi non plus... et à quelle heure ?

NINETTE. C'est lui qui doit me l'indi-
quer, par un bouquet de roses-pompon,
en comptant les heures par les roses.

LOLOTTE, *à part, d'un air émerveillé.*

Tiens, c'est gentil, ce moyen-là... je ne le connaissais pas.

NINETTE. A moins qu'il ne vienne lui-même.

LOLOTTE, *avec fermeté.* En ce cas, ma chère, je le recevrai, moi.

NINETTE. Oh! ce n'est pas la même chose!

LOLOTTE. Je ne lui dirai pas de malhonnêtetés... sois tranquille. Allons, lève la tête, et surtout n'oublie jamais la fidélité que tu dois à ton grigou de mari... (*elle l'embrasse*) un artiste! ah! fi donc!

NINETTE. C'est égal, je l'aimerai toujours... c'est plus fort que moi.

SCÈNE IX.

LOLOTTE, MOQUET, *entrant par le fond, d'un air sombre, et un bouquet à la main.* NINETTE.

MOQUET, *d'une voix caverneuse.* Ninette! Ninette!

NINETTE, *bas à sa mère.* Le bouquet! il le tient!

LOLOTTE, *bas.* Silence!

MOQUET. Ah! c'est vous, Lolotte?.. est-ce que vous ne pourriez pas nous laisser seuls tous les deux?

LOLOTTE, *l'observant.* Mon Dieu! monsieur Moquet, comme vous êtes pâle!

MOQUET. Pâle! c'est possible... chacun a sa couleur qui lui est propre. (*Ninette se dirige vers la droite pour sortir; il lui dit avec autorité :*) Ninette, restez! (*A Lolotte.*) Je voudrais deviser seul avec mon épouse.

LOLOTTE. Non, certainement, je ne partirai pas, dans l'état d'exaspération où je vous vois.

MOQUET, *croisant les bras, et d'une voix étouffée.* Ah! oui; je suis exaspéré!... je concentre une foule de choses, et je tremble de tout mon être, comme... n'importe!

LOLOTTE. Oh! Dieu! vous ressemblez à M. Levasseur, dans *Gustave III.*

MOQUET, *vivement.* Vous trouvez?.. je plains cet artiste alors.

NINETTE, *avec hésitation.* Est-ce que la personne qui a sonné?.

MOQUET. C'était pour cet engagement de Londres. (*Ninette fait un mouvement de joie.*) On venait chercher la réponse, mais tu l'as refusée.

NINETTE, *avec embarras.* C'est que.... quitter Paris!.. te quitter!

MOQUET, *traînant sa phrase avec une intention ironique.* Oui, tu y tiens... à Paris!

LOLOTTE, *effrayée.* De quel air il dit ça!

NINETTE. Vous me faites peur! mais qu'est-ce que vous avez donc?

MOQUET, *à pleine voix et d'un air décidé:* C'est que, ce qui vient de m'arriver est si dramatique!

NINETTE. Quoi donc encore?

MOQUET, *prenant le bras de Ninette et celui de Lolotte, et les amenant brusquement près de lui.* Je reconduisais ce monsieur qui a sonné tout-à-l'heure, et un autre jeune homme qui venait pour une paire de mollets... je les lâche au pied de l'escalier, dans l'allée qui est très-noire, lorsque je suis accosté par une jeunesse.

LOLOTTE. Une jeunesse!

MOQUET. Je dis une jeunesse, je n'en sais rien; je n'ai pas vu sa figure. Elle me dit : (*Imitant une voix de femme.*) Mlle Ninette, de l'Opéra? C'est moi, je lui réponds. Cette vieille femme se met à rire indécemment.

LOLOTTE, *étonnée.* Une vieille femme!

MOQUET. To, to... c'est ici, quoi! qu'est-ce que vous lui voulez? Elle répond : (*Se reprenant.*) Ah!... Et voyez l'ingénuité de cette enfant...

LOLOTTE, *plus étonnée.* Une enfant!

MOQUET. Elle me dit : C'est vous qui êtes son domestique? (*Avec indignation.*) Son domestique? j'ai donc le physique d'un serf? j'ai donc l'air d'un groom, actuellement? Hein! (*Avant que Lolotte ait eu le temps de lui répondre, il crie :*) Laissez-moi!

LOLOTTE, *cherchant à le calmer.* Eh bien! voyons! tout le monde peut se tromper... vous lui avez dit qui vous êtes?

MOQUET. Oui.

NINETTE, *à part.* Ah! je respire!

MOQUET. Je ne lui ai rien dit du tout... et j'ai même ajouté : C'est moi.

NINETTE, *à part.* O ciel!

LOLOTTE. Mais c'est un mensonge!

MOQUET. C'était un piége... assez grossier... que je tendais sous ses pas; cet homme y est tombé en plein.

LOLOTTE, *encore plus étonnée.* C'était un homme à présent!

MOQUET, *imitant la voix de femme.* Tenez, me dit-elle, remettez-lui cela... qu'elle se trouve au rendez-vous de ce soir... Silence! (*Avec fureur.*) Et il ajoute : Silence! ce qui veut dire : Motus!

(*Il remonte un peu la scène et s'agite avec indignation.*)

NINETTE, *à part.* Ah! je suis morte!

LOLOTTE. Eh bien! après? voyons... vous avez une manière de dire les choses..

MOQUET, *avec fureur.* Alors, tremblant, hors de moi, je me rue sur ce vieillard.

LOLOTTE, *n'y comprenant plus rien.* Mais c'était une femme !

MOQUET, *continuant sans l'écouter.* Je le saisis par son peigne d'écaille, et je lui dis : Petite malheureuse ! qui est-ce qui t'en-voie ? (*Imitant la voix de femme.*) Grâce ! grâce !... me répond-elle ; c'est moi qui porte les bouquets de Mme Prévost.. (*Tranquillement à Lolotte, en reprenant sa voix naturelle.*) Mme Prévost, la marchande de bouquets du Palais-Royal. (*Lolotte le regarde, il semble croire qu'elle ne le comprend pas.*) Près de Chevet. (*Même jeu ; il dit plus fort :*) Chevet ! qui tient des homards. (*S'avançant vers Lolotte, et d'un air furieux.*) Chevet ! quoi ? Chevet ! (*Tranquillement.*) J'allais en savoir davantage (et ça m'aurait obligé) quand cet homme s'est échappé, me laissant seul avec les idées que j'ai, et cet attroupement de roses-pompon.

(Lolotte prend le bouquet.)

LOLOTTE, *à part, comptant les roses.* Sept ! il y en a sept !

NINETTE, *à part.* Sept heures !

MOQUET, *prenant une pose digne, et d'un ton calme.* Ninette, voudriez-vous me donner la clef ?

NINETTE. Quelle clef ?

MOQUET. La clef de ceci... qu'en dis-tu ? Je voudrais connaître votre *conclusum !*

LOLOTTE, *s'avançant.* J'en dis, j'en dis..

MOQUET, *la repoussant du bras.* Permettez... je n'ai pas l'honneur de vous adresser la parole, à vous.

NINETTE. Mon Dieu ! mon ami, je t'assure que je ne sais pas... et puis... enfin.. au reste...

MOQUET. Ce n'est pas là un *conclusum !*

LOLOTTE. Je vous demande un peu s'il y a de quoi se mettre martel en tête pour un méchant bouquet de trois livres dix sous.

MOQUET. Je m'importe peu du prix ! Je me mettrai en tête ce que je voudrai...moi-même ! mais provisoirement, vous m'excédez, vous me fatiguez, vous m'ennuyez.

(Il remonte la scène avec colère et tourne le dos aux deux femmes.)

LOLOTTE. Vous êtes un malhonnête.

NINETTE, *se plaçant près de Lolotte.* Ah ! si vous insultez ma mère...

MOQUET, *redescendant du même.* Je ne suis pas un malhonnête, je n'insulte pas ta mère ; je ne lui dis rien, je lui porte l'estime... nécessaire... je la prie seulement de me laisser tranquille.. (*A Lolotte*) Fai-tes-moi le plaisir de me laisser tranquille dans mes foyers... ah !

NINETTE. Venir me chercher querelle, parce qu'on m'achète des roses-pompon.. Est-ce ma faute, à moi ?

MOQUET. Et ce rendez-vous ?... Quel est votre *conclusum ?*

LOLOTTE, *furieuse.* Allez, vous n'êtes qu'un jaloux, et avec un mari comme vous...

MOQUET, *allant pour s'élancer vers Lolotte.* Hein ?... qu'est-ce que vous feriez ?...

NINETTE, *retenant Moquet.* Monsieur Moquet !... mon ami !...

MOQUET, *à Lolotte, d'un air furieux, et parlant par-dessus l'épaule de Ninette qui lui barre le passage.* Ne donnez pas de mauvais conseils à ma femme.

LOLOTTE. Moi !

MOQUET, *criant.* Je vous prie de garder le silence le plus religieux dans vos avis. J'ai épousé ma femme pour moi, pour moi tout seul (*il donne un baiser à Ninette*) entendez-vous ? je tiens l'emploi en chef... et sans partage...

(Il quitte Ninette.)

NINETTE. Mais oui... mais oui... qui vous dit le contraire ?... (*Pleurant.*) Aussi, je t'aime, Léon !...

MOQUET. Tu m'aimes, Léon ; tu m'aimes, Léon ! mais ce bouquet, mais ce rendez-vous ? tu m'aimes, Léon ! mais cet inconnu ! quel est-il ?

NINETTE, *baissant les yeux.* Je ne sais...

LOLOTTE. Vous ne devez pas le connaître !... vous ne le connaîtrez pas !... (*Étendant le bras devant Ninette, en signe de protection.*) Je défends à ma fille de vous le nommer.

NINETTE. Ma mère !... voyons !..

MOQUET, *frappé de stupeur.* Comment ! mais c'est donc vrai ? Je voulais me renfermer dans le doute, vous me dépouillez de cette faculté ? (*D'un air de mépris.*) Vous me réduisez à employer le canal du commissaire !!

LOLOTTE, *passant au milieu et s'animant tout-à-coup.* Eh bien ! quand cela serait vrai, quand elle serait aimée, cet ange !... qui vaut mieux dans le bout de son doigt, que...

NINETTE, *cherchant à calmer Lolotte.* Mais non, maman !

LOLOTTE. Mais si ! laisse donc !... je veux lui dire à ce monstre d'homme...

MOQUET, *riant de pitié, et se croisant les bras.* Allez, allez toujours... je me croise les bras... comme Napoléon.... sur la colonne... Allez, invectivez-moi !... j'en ris, ainsi...

LOLOTTE, *s'approchant de lui avec rage.* Oui, oui, votre femme est aimée...

MOQUET, *les bras croisés.* Bon!

LOLOTTE, *criant.* Adorée!

MOQUET, *criant.* Bien!

LOLOTTE, *criant plus fort.* Adulée!

MOQUET, *criant plus fort.* Très-bien!

LOLOTTE, *criant de toutes ses forces.* Idolâtrée!

MOQUET, *imitant toujours Lolotte.* Bon! la Marseillaise! *(A part.)* Hein! hein!... en voilà-t-il des couleuvres que j'avale... à longs traits!.. en voilà-t-il une matelote de couleuvres... qui m'est offerte!

AIR *de Julie.*
C'est un supplice! une horrible torture!
Je n'connais rien d' plus affreux sous le ciel!
J'aimerais mieux être dans la posture
Où se trouvait l'ouvrier Dufavel.

LOLOTTE.
Oui, vous y gagneriez, je le parie,
D'être à la plac' du pauvre Lyonnais,
Car si vous êt's sauvé jamais,
Ce n'sera pas par le génie.

(*Moquet qui d'abord n'a pas compris l'intention de Lolotte reste un instant à réfléchir et témoigne par un geste de fureur qu'il comprend enfin, lors de la répétition des deux derniers vers.*)

MOQUET, *d'un air menaçant.* Ouvreuse! ouvreuse!

LOLOTTE. Mais elle n'a rien à se reprocher, monstre que vous êtes; elle repousse héroïquement les séductions... voilà ce qu'elle fait.

NINETTE, *pleurant.* Non, non, je n'ai rien à me reprocher, bien sûr!

MOQUET, *à sa femme, avec noblesse.* J'aime à le croire... j'aime à me bercer de cette chimère...

LOLOTTE. L'artiste qui l'aime en sera pour ses soupirs et ses bouquets.

MOQUET. Un artiste!... ah! c'est un artiste!.. *(à part.)* en cheveux, peut-être.. En effet, le nouveau coiffeur la regarde toujours d'un air inquiétant.

LOLOTTE. Viens, ma fille, viens; laissons ce tigre à toutes les fureurs de la jalousie! Viens! *(mettant la main sur son cœur.)* tu as de ça, toi!

NINETTE, *mettant aussi sa main sur son cœur.* Oh! oui, ma mère!

MOQUET, *se méprenant sur l'intention de Lolotte, et mettant à son tour sa main sur sa poitrine, dit avec hauteur :* Qu'entendez-vous, par ce geste?.. qu'entendez-vous?

(Elles vont pour sortir, Verdières les ramène.)

SCENE X.
NINETTE, VERDIÈRES, LOLOTTE, MOQUET.

VERDIÈRES, *entrant par le fond.* Qu'est-ce que c'est? on dispute?... *(A part.)* Tant mieux!

LOLOTTE. C'est monsieur mon gendre.

MOQUET. C'est mademoiselle ma belle-mère!

NINETTE. C'est mon mari!

VERDIÈRES, *à Lolotte.* Allons, allons, du calme, belle-maman!

LOLOTTE. Laissez-moi, vieux faquin!

(Elle remonte la scène, et va dans le fond, à gauche.)

MOQUET, *à part.* Il paraît qu'elle en a pour tout le monde.

VERDIÈRES, *à part.* Quel diable d'accueil me fait-on!.. *(A Ninette.)* Ma belle, nous allons chanter.

NINETTE, *lui tournant le dos.* Non, vous m'ennuyez, vous m'êtes insupportable... Partons, maman...

(Elle se rapproche de Lolotte, qui est au fond.)

MOQUET, *d'un ton impérieux, s'approchant de Ninette.* Non, non, restez, je le veux!

LOLOTTE, *lui jetant le bouquet à la figure.* Tenez, jaloux, voici votre bouquet.

MOQUET, *stupéfait, portant la main à ses yeux.* Bon! juste dans les yeux! C'est mon appoint, j'ai mon compte.

(Elles sortent, Moquet marche un instant sans y voir, et d'un air égaré.)

SCENE XI.
MOQUET, VERDIÈRES.

VERDIÈRES, *à part.* Insupportable!. j'en étais sûr... elles commencent toutes par me trouver comme ça...

MOQUET, *toujours la main sur ses yeux, heurte Verdières.* Mais c'est à en perdre la tête!...

VERDIÈRES. Qu'y a-t-il donc, mon cher Moquet?

MOQUET. Il y a... il y a... *(Lui prenant les mains.)* Vous êtes mon ami, vous; vous êtes pour moi un deuxième père, vous êtes ma plus ancienne pratique... Il m'arrive une chose...

VERDIÈRES. Mais vous m'effrayez! parlez!...

MOQUET. Ma femme!... *(Il se donne une tape sur le front.)* O ciel!

VERDIÈRES. *étonné.* Pas possible!

MOQUET. J'ignore le nom de mon antagoniste... mais il existe... on me l'a avoué.

VERDIÈRES, *à part.* Est-ce que Jules serait déjà si avancé que ça?... Ah! diable!...

MOQUET, *avec émotion.* Je voudrais me jeter dans vos bras un moment.

VERDIÈRES, *étendant les bras, d'un air résigné.* Jetez-vous y.

(Moquet se jette dans les bras de Verdières et l'embrasse à deux reprises.)

MOQUET, *d'un petit air dégagé.* Je suis un homme très à plaindre, savez-vous? Il y a un rendez-vous pour ce soir.

VERDIÈRES. Ah! bah! (*A part.*) Déjà?

MOQUET, *allant ramasser le bouquet qui est resté par terre.* Voilà le signal!

VERDIÈRES. Et votre femme l'aime?

MOQUET. La rose-pompon?

VERDIÈRES. Non... lui... cet amant...

MOQUET, *avec douleur.* Si elle l'aime? elle en est insensée!

VERDIÈRES. Elle vous l'a dit?

MOQUET. A moi! à moi-même!... parlant à ma personne, (*avec indignation*) comme disent ces gueux d'huissiers.

VERDIÈRES. La chose est grave!

MOQUET, *avec importance.* Pour moi!... de la plus haute gravité!

VERDIÈRES. Et à quoi attribuez-vous ce réfroidissement?

MOQUET, *fort étonné et gaîment.* Réfroidissement?... le mot est hasardé.

VERDIÈRES. Elle a donc été égarée?

MOQUET, *avec désespoir.* Perdue! c'est sa mère... c'est son obélisque de mère... une femme qui survit à toute son espèce.. le dernier type d'une race éteinte.. comme les carlins!.. On n'en voit plus!..

VERDIÈRES. Et que prétendez-vous faire?

MOQUET. Je vous le demande.. à vous.. (*avec amertume*) qui nous avez mariés!... (*Se reprenant vivement.*) Je ne vous en veux pas!.. à vous, à qui je fournis des corsets depuis quatre ans... et des mollets.. depuis six... (*élevant la voix*) des mollets!

VERDIÈRES, *impatienté.* C'est bon! c'est bon!... vous criez!...

MOQUET. Je vous le demande... que feriez-vous? Conseillez-moi, car je n'y suis plus... (*montrant son front*) j'ai tout ceci entrepris... je suis fou... je ferai quelque malheur.

(Il remonte la scène, saisit une chaise, et l'agite violemment en l'air.)

VERDIÈRES. Arrêtez!

MOQUET. Je jetterais mon mobilier par la fenêtre... s'il ne m'appartenait pas.

VERDIÈRES, *le ramenant.* Allons, vous êtes trop violent!

MOQUET. Oui, je le suis, violent!... oui, je le suis... la jalousie me ronge... elle me mine!.... je n'ai pas sur le corps large comme ça qui ne soit jaloux!

VERDIÈRES. Voyons, voyons, croyez-vous qu'il y ait réellement du danger?

MOQUET, *prêt à pleurer.* Vous me le demandez, vieillard? vous demandez à un somnambule qui se promène sur une gouttière, s'il y a du danger? êtes-vous sourd? ou êtes-vous ivre? puisque je vous dis qu'il y a un rendez-vous pour ce soir!

VERDIÈRES, *à part.* Ce petit drôle est si avancé que ça! comment a-t-il fait? il va se moquer de moi.

MOQUET, *s'éloignant d'un air anéanti.* Eh bien! vous ne me donnez pas de conseil?.. ah! les malheureux n'ont pas d'amis.

VERDIÈRES. Si fait!

MOQUET, *revenant vivement.* Ils en ont?

VERDIÈRES. Oui, et je vais vous le prouver.

MOQUET. Je vous écoute avec respect.

VERDIÈRES. Je ne vois qu'un moyen de vous empêcher d'être...

MOQUET, *l'interrompant vivement.* Je sais... (*après un temps*) achevez!

VERDIÈRES. Et le moyen est tout simple... c'est d'accepter l'engagement de Londres.

MOQUET, *avec joie.* Oh!

VERDIÈRES. Et de faire partir votre femme ce soir même; il n'y a pas une minute à perdre.

MOQUET, *lui saisissant la main avec cordialité, puis le quittant aussitôt et faisant deux pas en arrière.* L'idée est majeure! (*il se rapproche de Verdières*) et j'en embrasse toute la portée.

VERDIÈRES, *d'un air satisfait.* Hein?

MOQUET, *avec joie.* Je les sépare violemment.

AIR : *J'ai vu le Parnasse des dames.*
Oui, par cette ruse nouvelle,
Je vais poser la Manche entr'eux.
VERDIÈRES, *à part,*
Dans huit jours, je suis auprès d'elle.
MOQUET.
Ah! pour un mari, c'est affreux!
Ma femme part pour l'Angleterre,
Je vais vivre seul, dédaigné!
(*Gaîment.*)
Mais je vais perdre aussi sa mère,
Et c'est toujours ça de gagné. (*Bis.*)

Et la chienne..! et la chienne! quel placement!

VERDIÈRES. La malle-poste vous répondra de tout...

MOQUET. La malle-poste! vous avez raison! pourvu que les places soient encore libres!

VERDIÈRES. Je cours les retenir.

MOQUET. Vous auriez cette bonté?.. moi, je vais faire les paquets... les malles sont toutes prêtes... et à son retour, elle aura beau crier..... je resterai sourd à tout comme un pot... je ne répondrai que ces quatre mots : *Tu partiras!..* moi, je **vais** faire les paquets... allez à la malle-poste.. vous êtes mon appui, vous êtes mon soutien, vous êtes... (*il cherche long-temps le mot, et dit avec force:*) ma canne .. oui !

(Il sort par la gauche)

VERDIÈRES, *seul.* Et moi, je cours... me voilà lancé dans une intrigue subalterne... courant pour une danseuse, de concert avec un tailleur, un mari ! ah ! ah ! ah ! et pour enlever ce trésor à un jeune niais...

SCENE XII.
VERDIÈRES, JULES.

JULES, *arrivant par le fond.* Maintenant je puis venir...

VERDIÈRES, *d'un ton railleur.* Ah ! vous voilà encore, mon cher ?

JULES, *de même.* Et vous, mon trèscher, vous voilà toujours?..

VERDIÈRES. Je parlais de vous.

JULES. Qu'est-ce que vous disiez ?

VERDIÈRES. Que vous étiez un garçon habile, prompt à vous faire aimer.

JULES. Pourquoi me dites-vous cela ?

VERDIÈRES. Oui, faites donc l'ignorant.. la petite en est convenue.

JULES. Pas possible ?

VERDIÈRES. On vous aime...

JULES. Vrai ?

VERDIÈRES. Mais on part... psitt !..

JULES. Ah ! bah !

VERDIÈRES. Sur ce, mon bon ami, si vous gagnez le pari, ce sera à la course... je vole à la malle-poste... ah ! mes petits messieurs ! vous croyez, parce qu'on n'a pas la barbiche, vingt-cinq ans et une jolie figure, qu'on ne peut pas... ah ! ah ! ah ! ah ! mes complimens !.. bonsoir !

(Il sort en riant.)

SCENE XIII.
JULES, *puis* MOQUET.

MOQUET, *en dehors.* Fermez les malles, entendez-vous?.. et descendez par le petit escalier.

JULES, *à lui-même.* A la course... et pourquoi pas ?

MOQUET, *à la cantonnade, apportant deux cartons à chapeau, un petit coffre de toilette et un grand carton carré. Il a un habit et un chapeau.* Bien ! bien ! je porte le carton... robe de sylphide !

JULES. Ah ! c'est monsieur Moquet !

MOQUET, *portant son bagage devant le fauteuil à gauche.* Tiens, vous voilà? ah ! bien ! j'ai bien autre chose à penser qu'à

vos satanés maillots. (*A part.*) Il est bon enfant, le sauteur !

JULES. Eh non !.. je venais vous parler.. mais vous partez...

MOQUET, *très-effaré.* Pas moi, mais ma femme... (*Il porte la main sur ses yeux pour réfléchir.*) Ah ! l'ombrelle... le parapluie !..

(Il entre à gauche, toujours en courant.)

JULES, *pendant que Moquet a disparu.* Le mari n'en est pas.... c'est déjà quelque chose.

MOQUET, *revenant chargé de hardes et de deux parapluies, à la cantonnade.* Remettez le tout au commissionnaire... voilà !

JULES. Ces dames vont ?..

MOQUET, *préoccupé.* A Londres... (*Il se place de nouveau au milieu du bagage.*) C'est que, voyez-vous? je suis en affaires...

JULES. Ah ! oui, le fameux engagement.

MOQUET. Pour *Cowint-Gardint !* quinze mille francs par an !...mais ce n'est pas de cela qu'il s'agit. Ah ! j'oubliais...

(Il sort par la droite.)

JULES. Eh bien ! morbleu ! je n'en aurai pas le démenti... elle m'aime, elle en est convenue... c'est assez invraisemblable, à moins que je n'aie produit à la première vue un effet!.. tiens, pourquoi pas?.. mais pour le savoir, je n'irai pas jusqu'à Londres... (*Il tire son agenda et écrit jusqu'à la rentrée de Moquet.*) La route de Calais... par Amiens... la place près du courrier... quand je devrais prendre la place du courrier lui-même.

(Il déchire le feuillet et le plie.)

MOQUET, *apportant un sac de nuit et plusieurs gilets de flanelle sous un bras, et la chienne sous l'autre.* Voilà le sac omnibus de la vénus du Directoire !.. (*S'adressant à la chienne.*) Toi, mon ennemie personnelle... (*il fourre la chienne au fond du sac de nuit et le remplit de gilets de flanelle jusqu'en haut, puis il serre la coulisse, et le porte à son oreille.*) Tu dis?..

JULES. Je vois que vous êtes bien occupé... je reviendrai, ne faites pas attention.

MOQUET, *ricanant.* Il me semble que je m'en acquitte assez bien... Ah ! voilà le coffre de toilette !.. (*Il va à la fenêtre à droite.*) Ah ! voilà le commissionnaire qui s'en va !.. (*à la cantonnade.*) Dites donc, commissionnaire, prenez ce sac, puisqu'il y a encore de la place sur les crochets.... (*Il jette le sac par la fenêtre.*) Eh ! houp, à vous ça !

JULES, *à part, regardant le coffret, tandis que Moquet est resté à la fenêtre.* Le

coffre de toilette, ce sera le plus tôt ouvert..
(Il l'ouvre et y glisse son billet.) Maintenant,
je n'ai pas un instant à perdre... *(Haut.)*
Adieu, monsieur Moquet, bon voyage.

(Il sort.)

MOQUET. Merci pour ma femme, mer-
ci... *(Seul.)* Il me semble que voilà tout...
et à présent, cuirassons-nous... emmaillot-
tons-nous de la tête aux pieds, de notre
dignité de mari... ma femme criera, ma
belle-mère grincera des dents... rien! une
borne! un therme! voilà ma pose!

(Il prend une attitude calme et imposante.)

SCÈNE XIV.
MOQUET, LOLOTTE, NINETTE.

NINETTE, *entrant très-vite et jetant son
châle sur le fauteuil à gauche.* C'est une indignité!

LOLOTTE, *de même.* C'est une horreur
seulement!

*(Lolotte et Ninette sont placées de manière à ne pas
voir le bagage que Moquet a disposé.)*

MOQUET, *les bras croisés et avec calme.*
Qu'est-ce que c'est? qu'est-ce que c'est?

LOLOTTE. Laissez-nous... avec votre
grande flamberge de directeur... c'est un
monstre comme les autres.

NINETTE. Ah! j'en pleure de colère.

MOQUET. Qu'est-ce que c'est? qu'est-ce
que c'est?

NINETTE. Pas d'augmentation.

MOQUET. Tant mieux!

LOLOTTE. Comment? tant mieux? figurante!.. on la laisse figurante toute sa vie.

MOQUET, *sans changer d'attitude.* Sup-
primez vos gémissemens... elle a un mari
qui veille.

LOLOTTE, *passant de l'autre côté de
Ninette.* Un mari! belle ressource..... à
quoi est-ce bon? je vous le demande.....
pas même à faire avoir un engagement à
sa femme.

MOQUET. Belle-mère, tâchons d'être un
peu parlementaire, s'il y a moyen... *(A
Ninette, d'un ton d'autorité.)* Tu pars pour
Albion!

NINETTE, *étonnée.* Quoi?

LOLOTTE, *s'avançant.* En Angleterre!

NINETTE. Quitter Paris!

MOQUET, *avec fermeté.* Dès ce soir... j'ai
accepté l'engagement de Londres.

NINETTE. O ciel! oh! non, non, monsieur, je ne puis partir ainsi... c'est impossible...

MOQUET, *élevant la voix, et d'un ton
ferme.* Tu pars pour Albion!

NINETTE. Mais rien n'est prêt.... je ne
peux pas...

MOQUET. Tout est prêt; les paquets sont
faits, les malles sont déjà en route... voici
les cartons.

NINETTE, *se retournant.* Ah! mon Dieu!
mes cartons... il a tout bouleversé.

MOQUET, *avec calme.* Rien n'est bouleversé; ça ne bronchera pas; j'ai bourré,
bourré... tout tient.

LOLOTTE, *indignée.* S'il est permis de se
conduire ainsi?

NINETTE, *avec amertume.* Ah! je vous
comprends, monsieur, vous vous débarras-
sez de moi.

MOQUET. Du tout.

LOLOTTE, *avec sentiment.* Vous l'arra-
chez des bras maternels...

MOQUET. Nullement! loin de là!

NINETTE, *pleurant.* Vous voulez m'éloi-
gner de tout ce qui m'est cher.

MOQUET, *lui saisissant la main, et avec
intention.* En partie!.. Quant à votre mère,
elle vous accompagnera; du reste, je comprends votre résistance... on tient à certain
rendez-vous?

LOLOTTE, *passant rapidement devant Ninette, et poussant Moquet qu'elle fait trébu-
cher.* Mon gendre! respectez les scrupules
d'une danseuse qui connaît ses devoirs....
c'est vous qu'elle regrette, et c'est là sa bêtise.

MOQUET, *avec dignité.* Je veux le croire.

LOLOTTE, *revenant près de Ninette.* Tu
partiras... c'est une passion qui n'a ni pieds
ni tête...

NINETTE. Non, non! c'est de la tyrannie,
du despotisme.

SCÈNE XV.
MOQUET, VERDIÈRES, LOLOTTE, NINETTE.

VERDIÈRES. Eh vite! deux places retenues... on part dans un quart-d'heure.

NINETTE. Je ne pars pas...

VERDIÈRES. Permettez...

MOQUET, *d'une voix tonnante.* Tu pars
pour Albion!

VERDIÈRES, *avec galanterie.* S'il y a résistance, j'enlève la maman, moi, d'abord.

LOLOTTE. Comment, vous m'enlevez!..
apprenez qu'on ne m'a jamais enlevée...
vous seriez le second *en reprenant* le premier!..

VERDIÈRES, *à part.* Et probablement le
dernier.

LOLOTTE. Partons!... viens, mon enfant.

(La sonnette se fait entendre.)

NINETTE, *chancelante et émue.* Ah ! je
me meurs...

MOQUET. Ma femme ! ma femme !.. elle
se trouve mal * .

LOLOTTE, *soutenant Ninette dans ses bras.*
Laissez donc tranquille... vous êtes un be-
nêt... (*A part.*) Il avait bien besoin de souffler dans ce moment-ci... (*secouant Ninette.*) Allons, Ninette, ma fille, pas de bê-
tises... c'est un amant qu'il faut oublier.

VERDIÈRES, *à Moquet, bas.* Il paraît que
décidément...

MOQUET, *bas à Verdières, et avec douleur.*
Ça tenait ferme... et sans ce départ... j'y
étais.

NINETTE, *pleurant.* Eh bien ! maman...
puisque vous le voulez, c'est pour vous obéir
d'abord... partons ! mais c'est égal... ça me
fait bien du mal.

MOQUET, *à part.* Bravo ! la voilà sauvée !
et moi aussi.

VERDIÈRES, *remontant la scène, et prenant sur son bras les châles que Ninette et
Lolotte ont jetés sur le fauteuil.* Eh vite !..
vos manteaux... vos châles... donnez-moi
ça... prenez mon bras... c'est à deux pas...
je vous conduis...(*A part, entr'elles.*) Je la
tiens.

(Il offre son bras.)

MOQUET. Et moi, je porte le bagage...
je vous suis; allez devant.

NINETTE, *à Moquet.* Prenez bien garde
à mes cartons.

LOLOTTE, *à Moquet.* Donnez-moi mon
cabas... (*Moquet le lui donne.*) Eh bien ! et
Florette?.. (*Elle appelle.*) Florette... Florette !..

(Elle a quitté le bras de Verdières, qui appelle aussi
Florette, à la porte de droite.)

MOQUET. Soyez tranquille, je n'ai pas
voulu vous en séparer... elle est sous les
gilets de flanelle, au fond du sac de nuit.

LOLOTTE, *jetant un cri de désespoir.*
Quelle horreur !

MOQUET. De chienne, oui.

LOLOTTE, *avec égarement.* Courons, courons, ma fille.

AIR : *Ah ! que le nouvel an achève.*
Assouvir sa brutale rage
Sur cet innocent animal !
C'est un trait dign' du moyen-âge ;
Vous êt's plus féroc' qu'un chacal !
Mais vous aurez des r'mords, infâme !

MOQUET.

C'est encor pour moi tous profits ;
Les r'mords ne déchir'ront qu'mon ame,
Tandis qu'vot chienn' déchirait mes habits.

ENSEMBLE.

LOLOTTE.

Viens, ma fill', viens en Angleterre,

* Verdières, Moquet, Lolotte, Ninette.

Contre sa rag' tu trouv'ras un abri,
Tu seras heureus', je l'espère,
On l'est toujours loin d'son mari !

NINETTE.

Oui, je vais sur une autre terre,
Chercher un plus tranquille abri.
Le bonheur m'attend, je l'espère,
Loin d'un si terrible mari.

MOQUET.

En l'envoyant en Angleterre,
Je mets mon honneur à l'abri
De l'accident assez vulgaire,
Qui tient à l'état de mari.

VERDIÈRES.

Moi, dans huit jours, en Angleterre
Je rejoins cet objet chéri ;
Et je pourrai bientôt, j'espère ,
Gagner son cœur et mon pari.

SCENE XVI.
MOQUET, *seul.*

Eh ! vite... emportons ces cartons, tout
ça... (*Il prend d'abord les deux parapluies
sous son bras gauche.*) Celui-là , ici.....
(*Il prend de la main gauche le carton
carré, ainsi que le plus petit des deux cartons ronds.*) Et maintenant, ce petit coffre...
(*Il place le coffret sur le carton rond, et
le presse contre lui pour l'empêcher de tomber*) et l'autre, ici... (*Il prend de la main
droite le grand carton à chapeau et se met en
marche.*) C'est lourd, tout ça... (*avec sentiment.*) Dieu ! qu'on a de peine à se mettre
à l'abri... (*En passant devant le public, il
dit avec l'accent de la plus profonde convic-
tion.*) C'est une plaie de l'ordre social, ça..
(*Ici, le coffret lui échappe et roule en tom-
bant ; tout ce qu'il contenait tombe sur le théâtre.*) Patatras ! allons, bon ! bien ! ça m'a-
vance... (*Il dépose son bagage et ramasse
tous les objets épars.*) Je n'arriverai pas aujourd'hui... le rouge, le blanc, le bleu
pour les veines, la patte de lièvre, la fausse
natte, le diable et son train... (*Il remet les
objets dans le coffret ; apercevant le papier
déposé par Jules.*) Qu'est-ce que c'est que
ça ? une lettre ? un billet ? (*Il lit.*) « Ne crai-
» gnez rien, mon adorée, je pars avec vous.
» Je vous embrasserai au premier relai,
» et, au sixième, je serai le plus heureux
» des hommes. JULES. » (*Avec effroi.*) Jules !.. ah ! mon Dieu ! ah ciel ! ah ! c'est
gentil... je ne me soutiens plus... c'est l'artiste en cheveux... je me meurs !.. (*Il
chancelle et tombe assis dans le plus grand
des cartons à chapeaux ; effrayé de l'accident,
il se retire aussitôt, écarte les débris du carton et tire du fond un chapeau de satin tout
aplati ; il essaie de lui rendre sa forme, puis
s'écrie, comme par inspiration.*) Eh bien !

non, ils ne partiront pas... je cours arrêter...

(Il s'élance rapidement pour sortir par le fond, Verdières entre très-vite et se heurte; Verdières va tomber sur le fauteuil à droite; Moquet va tomber sur
le fauteuil à gauche.)

SCENE XVII.
VERDIÈRES, MOQUET.

MOQUET, *jetant un cri, et allant tomber
sur le fauteuil.* Ah! bien!.. pour m'achever...

VERDIÈRES, *furieux.* Que le diable vous
emporte, Moquet!

MOQUET, *à Verdières.* Il s'appelle Jules!

VERDIÈRES. Qui?

MOQUET, *se levant.* L'amant.

VERDIÈRES, *se levant et accourant au milieu de la scène.* Eh bien?

MOQUET, *lui montrant la lettre.* Tenez!

VERDIÈRES, *regardant la lettre, et avec
effroi.* Quoi?

MOQUET, *criant.* Ils partent ensemble.

VERDIÈRES, *criant aussi.* Ah! bah! je
suis perdu!

MOQUET, *étonné, à part.* Lui! et moi
donc!.. (*Criant avec indignation.*) Et par un
perruquier!..

(Ils sortent tous deux, en courant, par la porte du
fond. Musique bruyante. Le rideau baisse.)

ACTE II.

Le théâtre représente une chambre dans un hôtel garni à Amiens. Entrée au fond. Portes latérales. A droite
de l'acteur, une table et ce qu'il faut pour écrire.

SCENE PREMIERE.
LOLOTTE, NINETTE, *puis* JULES.

(Au lever du rideau, Lolotte, placée devant la table,
est occupée à ficeler un grand bocal de verre, couleur de bouteille. Elle est fort triste.)

NINETTE. Mais, maman, maman, dépêchez-vous; on nous a déjà prévenues deux
fois!.. le courrier n'arrête que vingt
minutes à Amiens.

LOLOTTE, *avec sentiment.* Ma fille, res-
pecte un petit peu la douleur de ta mère.

NINETTE. Mon Dieu!.. quand vous vous
désolerez!

LOLOTTE. Si ton mari n'était pas ton
mari, je te dirais ce que j'en pense... ce
n'est qu'un assassin! il a assassiné Florette!.. pauvre chérie!.. la mettre au fond
d'un sac de nuit!.. m'obliger de mettre sa
dépouille dans de l'esprit de vin! n'est-ce
pas une horreur? pour qui est-ce que
nous passerons? arriver en Angleterre avec
une chienne à l'eau-de-vie!

(Elle pleure.)

NINETTE. Avec tout ça nous manquerons
le courrier, voyez-vous!

LOLOTTE. Un courrier est fait pour attendre...

(Elle se cache la figure pour pleurer.)

JULES, *entrant.* Mesdames, le courrier
est parti.

NINETTE. Ah! mon Dieu!

LOLOTTE, *tout-à-coup, et d'un ton sec.*
Parti sans nous! Eh bien! c'est gentil!

JULES, *à part.* Ça m'a coûté cher, pour
le décider.

NINETTE. Mais c'est une indignité! nous
laisser à Amiens!

LOLOTTE. Ça n'a pas de nom!.. c'est un
courrier sans éducation; il déshonore la
malle-poste!

JULES. Calmez-vous, mes chères compa-
gnes d'infortune, la diligence ne peut tar-
der à passer... s'il y a des places, eh bien!
nous nous pourvoirons en appel.

LOLOTTE, *avec aigreur.* Mais l'argent,
monsieur?.. je vous trouve charmant, par
exemple!

JULES, *légèrement.* Oh! c'est la moindre
des choses!

NINETTE. Aussi, maman, je vous disais
bien que vous étiez trop long-temps à
déjeuner.

LOLOTTE. Ah ça! est-ce que ce pataud
de courrier s'imagine que nous ferons
soixante lieues sans rien prendre, comme
les dromadaires d'Egypte! et d'ailleurs,
qu'est-ce que j'ai pris?.. moins que rien!..
une aile de poulet, deux tranches de pâté,
une tasse de café, des côtelettes, et un peu
de fruit... ce qui n'empêche pas que j'é-
touffe (*elle se frotte l'estomac*) grâce à
leur croûte de pâté d'Amiens... J'ai cru
que ça se mangeait... est-ce que l'on peut
prévoir qu'il y a des villes où les pâtés sont
entourés de maçonnerie? c'est bien ingé-
nieux! j'ai l'estomac comme un tambour.

JULES, *riant, à part.* Je crois bien... elle
dévorait.

NINETTE. Et qu'est-ce que nous allons
faire à Amiens!.. deux femmes seules!..

JULES. Il faut tuer le temps, et, si vous voulez accepter mes services et mon bras... les bords de la Somme sont très-rians, très-pittoresques... une petite promenade à nous trois... en attendant la diligence.

LOLOTTE, *à part.* Joli moyen de se refaire... maudit courrier !

JULES, *à Lolotte.* Eh bien ?

LOLOTTE. Je n'ose pas vous refuser... vous avez déjà été si aimable en route, jusqu'à m'offrir votre place dans le cabriolet ; mais ma fille n'a pas voulu.

JULES. Ce dont je me plains, puisque c'eût été une occasion de vous être agréable.

LOLOTTE, *enlaçant sa fille de son bras.* Elle m'aime tant ! elle ne veut pas me quitter. (*Bas à Ninette.*) Il est fort aimable ce jeune Anglais. (*Haut.*) Car monsieur est anglais ?

JULES. Oui, madame !

LOLOTTE, *le regardant fixement.* C'est bien particulier ! monsieur est anglais, et sa figure ne m'est pas étrangère.

JULES. Mon Dieu ! madame, je puis venir en aide à votre mémoire. Hier matin, je me suis présenté chez M. Moquet, rue Pagevin, pour y commander quelques objets... une commission dont je me suis chargé.

LOLOTTE, *avec explosion, et se donnant une tape dans la main.* Sapristi ! je vous remets ! on a raison de dire : Les montagnes ne se rencontrent pas ; mais les hommes en sont susceptibles.

NINETTE, *à part.* Et maman qui ne se doute pas que c'est une ruse de ce jeune anglais...

JULES. Et, ma foi, en qualité d'ami, je revendique mon privilége, je m'attache à votre destinée ; je veux être votre chevalier jusqu'à Londres... si madame daigne y consentir ?

NINETTE, *regardant Lolotte.* Dam ! monsieur, je ne sais pas...

LOLOTTE, *à Ninette.* Je dis que monsieur à l'air très-bien, et que deux femmes seules sur une grande route, c'est bien risquable.

NINETTE. Pourvu, néanmoins, que notre voyage se continue à frais communs... nous ne sommes pas...

LOLOTTE, *avec dignité.* Nous ne sommes pas des artistes à nous faire régaler. (*A part.*) Oh ! une bêtise, ça !

SCENE II.
JULES, JOHN, LOLOTTE, NINETTE.

JULES. Ah ! John ! *have you found a coach* *?

JOHN. Yes, sir.

JULES. Pardon, c'est un domestique anglais que je viens d'arrêter, et qui m'annonce qu'il a trouvé une voiture de poste. J'ai deux places à vous offrir.

LOLOTTE. En poste ? il y aurait peut-être de l'indiscrétion... J'accepte, pourvu que nous ne partions pas tout de suite.

JULES. Quand il vous plaira.

LOLOTTE C'est que... cette infamie de pâté... ça me... gène, ça me... je voudrais me faire faire un peu de thé.

JULES. Voici mon domestique ; je désire que vous le considériez comme le vôtre... Je vais le mettre à votre disposition. John! *you shall obey to those ladies* **.

JOHN. Yes, sir.

JULES, *à Lolotte.* Il est à vos ordres.

NINETTE, *modestement.* Monsieur, je suis vraiment confuse de tant d'attentions.

LOLOTTE, *à John.* Eh bien ! mon cher ami, dites qu'on me fasse du thé.

JULES. Ah ! pardon, c'est qu'il ne comprend pas le français.

LOLOTTE. Ah bien ! c'est bien incommode pour jaser, ça ; au reste, j'y vas moi-même, car ils ne savent peut-être pas ce que c'est que du thé, dans des pays sauvages comme ça ; ah ! si on me reprend à la croûte d'Amiens, par exemple !.. je reviens, je reviens. (*A part en sortant, regardant John.*) Il est gentil, ce domestique ; mais je suis vexée qu'il ne soit pas nègre. (*D'un air triomphant.*) Autrefois ils étaient gris.

(Elle sort par le fond, le domestique la suit.)

SCENE III.
JULES, NINETTE.

JULES, *retenant Ninette qui allait sortir.* Ne sortez pas... oh ! je vous en supplie !..

NINETTE, *surprise.* Monsieur...

JULES. Ne paierez-vous pas d'un mot, d'un regard, l'amour qui m'attache à vos pas ?..

NINETTE. Mais, monsieur, je n'ai pas l'honneur de vous connaître... je ne sais pas si je puis entendre ?..

JULES. Oui, ma chère Ninette, oui, vous

---

* On prononce : *Eve iou faounde é coetche.*
** On prononce : *Djone, iou cgel obé tou zose lédisse.*

le pouvez... que diable, je vous aime!.. vous n'en pouvez pas douter.

NINETTE. Mais, monsieur, je suis une femme mariée, et si vous croyez, parce qu'on est dans la danse... je vas appeler maman, d'abord!

(Elle remonte un peu.)

JULES, *la retenant.* Ecoutez-moi donc! Ninette... ne craignez rien, fiez-vous à moi.

NINETTE. C'est ça, pour que vous me trompiez, pour que vous abusiez de ma crédulité.

JULES. Mais non... il ne s'agit pas de ça... je vous aime, vous dis-je!.. et pour me faire aimer de vous, aucun sacrifice ne me coûtera... je suis riche!

NINETTE. Riche!.. est-ce que vous croyez que c'est pour cela?.. *(Appelant)* Maman! maman!..

(Elle remonte la scène.)

JULES, *la retenant encore.* Allons, soyez raisonnable... Jugez donc... c'est pour me rapprocher de vous que je me suis jeté dans cette voiture qui vous emportait.

NINETTE, *d'un air incrédule.* Oui, pour moi, et pour aller dans votre pays... vous êtes anglais.

JULES, *vivement.* Moi? anglais?.. anglais pour votre mère, comme j'étais hier danseur pour votre mari... *(avec feu, lui prenant les mains)* mais pour vous, ma Ninette...

AIR : *Vaudeville du jour des noces.*

En douanier, je m'attache à vos traces,
A ces Anglais je vais vous disputer !
Tant de beauté, tant d'esprit, tant de grâces...
C'est un trésor qu'on ne peut exporter!
En politique on ne craint plus la guerre,
Mais en amour ils sont nos ennemis ;
Et moi, Français, je veux en Angleterre
Veiller encor sur les droits du pays.

NINETTE. C'est gentil à vous, je ne dis pas, mais je ne peux pas vous écouter; c'est impossible.

JULES. Aurais-je été devancé dans votre cœur? aimeriez-vous quelqu'un?

NINETTE, *hésitant.* Mais dam! mon mari...

JULES. C'est de droit ça, ça ne compte pas.

NINETTE, *un peu piquée.* Monsieur!..

JULES. Alors, je lis dans votre cœur : vous aimez M. Verdières?

NINETTE *à part. Le vieux? (avec dédain)* ah! par exemple!..

JULES. Mais alors, c'est moi, ce ne peut être que moi... à l'Opéra, vous n'avez pas d'amant connu... vous êtes la seule... ça fait scandale!.. vous m'aimerez, oui, il le

faut.. Déjà, pour ne pas vous quitter, j'ai fait partir le courrier.

NINETTE, *étonnée.* Vous, monsieur!... Mais c'est affreux! nous ne pouvons pas accepter, alors..... *(Appelant.)* Maman!... maman!...

(Elle remonte jusqu'à la porte du fond.)

JULES, *la ramenant encore.* Laissez-donc! vous voulez la priver du plaisir de voyager en poste... non! vous ne refuserez pas à l'amant le plus tendre...

(Il lui prend la taille.)

NINETTE, *se dégageant.* Certainement, monsieur, je ne dis pas.. c'est d'un bon cœur... mais je vous l'ai dit... *(A part.)* Pauvre Adolphe!.. lui faire un trait comme ça.

JULES. Allons, allons, vous aurez pitié de moi, n'est-ce pas?..

(Il veut l'embrasser.)

NINETTE, *se défendant.* Eh! non, monsieur, non.

LOLOTTE, *en dehors.* Ninette! Ninette!

NINETTE. Ah! maman!..

JULES. Que le diable emporte l'ouvreuse!

<hr>

SCÈNE IV.
LES MÊMES, LOLOTTE.

LOLOTTE, *essoufflée, et arrivant très-vite.* En v'là une d'anecdote... la diligence de Paris qui arrive... ton mari est dedans... je crois qu'il m'a vue.

NINETTE. Mon mari?

JULES. Moquet ! *(A part.)* Diable! s'il me voyait ici après ce qui s'est passé hier chez lui...

LOLOTTE. Je n'ai vu que sa figure; mais je suis sûre que c'est lui... l'indigne... le bourreau de Florette... le voilà! le voilà... je reconnais son pas.

JULES. Eh! vite...

(Il se jette dans le cabinet à droite.)

<hr>

SCÈNE V.

LOLOTTE, *devant la table, et tournant le dos à la porte du fond.* MOQUET, *entrant par le fond,* NINETTE.

MOQUET, *apercevant Ninette.* Je ne m'étais pas trompé... ah!

(Il reste à la porte du fond, et étend les bras comme pour la barrer.)

NINETTE. Vous ici, monsieur Moquet!

MOQUET, *avec fermeté.* Oui, moi z'ici, monsieur Moquet!... *Avec tendresse;* Ninette... (*Il la prend dans ses bras et descend la scène d'un air tragique.*) O Dieu,' qui me la rends, me la rends-tu... chrétienne?

NINETTE. Que voulez-vous dire?

MOQUET, *pleurant.* Tu me le demandes? Depuis hier, je n'existe pas; tout mon moral est déménagé; j'ai inondé la diligence de mes larmes. (*Il s'essuie les yeux, et reprend d'un ton bref :*) Où est le perruquier?

NINETTE. Quel perruquier?

MOQUET. Le perruquier du cabriolet?

NINETTE. Je ne sais pas ce que vous voulez me dire.

LOLOTTE, *à part, étonnée.* Comment, un perruquier?

MOQUET, *furieux, et souriant avec amertume.* Celui qui t'a suivie, et dans le sang de qui je veux me désaltérer quelque peu.

NINETTE, *le regardant d'un air inquiet.* Mais vous êtes fou!

LOLOTTE, *à Ninette.* Il est enragé.

MOQUET, *se tournant vers Lolotte, qu'il n'avait pas vue jusque-là.* Ah! c'est vous, belle-mère.

LOLOTTE. Monstre! ne me regardez pas en face, car vous me faites horreur!

MOQUET, *à part.* Tiens! tiens! tiens!

LOLOTTE, *lui montrant le bocal, en pleurant.* Voilà votre ouvrage!

MOQUET, *s'avançant d'un pas, et se baissant un peu pour l'examiner.* Des cornichons?

LOLOTTE. C'est Florette, scélérat! c'est votre malheureuse victime!

MOQUET, *surpris.* Quoi!.. vous l'avez fait infuser?

LOLOTTE. Oui, indigne que vous êtes.

MOQUET, *avec ame, et étendant le bras vers le bocal.* Que l'esprit de vin lui soit légère! Elle emporte mes regrets .. (*Gaîment.*) Mais n'en parlons plus. (*A Ninette.*) Il s'agit d'un bipède qui trouble ma vie. J'ai appris des choses... (*il prend une attitude tragique*) entièrement basses.

NINETTE. Quoi donc? vous m'effrayez, Moquet.

MOQUET, *vivement.* Je remonte à l'origine. Hier, au moment où je me disposais à porter à la malle le restant de ton bagage, un billet... (*Changeant tout-à-coup de ton.*) Mais non, je ne veux te rien dire... j'attaque les résultats... Il y avait un homme auprès du courrier... (*Criant.*) Y avait-il un homme auprès du courrier?

LOLOTTE. Oui, un jeune Anglais.

MOQUET, *un peu étonné, à part.* Un Anglais?.. ça ne fait rien. (*Haut.*) Et que s'est-il passé depuis le commencement du trajet? Il y a trente lieues de Paris à Amiens.

(*Avec importance.*) Il y a trente lieues de Paris à Amiens, même les connaisseurs en comptent trente et une.

NINETTE. Eh bien?

MOQUET. Vous ne me comprenez pas, Ninette. (*A part.*) J'ai une peine infinie à formuler mes questions. (*Haut.*) Comment s'est-il comporté pendant la route?

NINETTE. Très-honnêtement.

MOQUET. Qu'entendez-vous par honnêtement?

NINETTE. J'entends que ce monsieur nous a comblées d'égards, que chaque fois que nous sommes descendues de voiture, il m'a offert son bras pour monter les côtes.

MOQUET, *à part, et très-vite.* Les côtes?.. bon!

(*Il fait le geste de frapper.*)

NINETTE. Qu'il a eu même la galanterie d'offrir sa place à maman.

MOQUET, *vivement à Lolotte, d'un ton menaçant.* Ils ont permuté?

NINETTE. Non, j'ai refusé.

MOQUET, *avec bonheur.* Embrasse-moi... et puisque tu es digne encore d'entendre la vérité, je vais te la montrer toute nue, et telle qu'elle est sortie de son puits. Il y a un pari, un exécrable pari... à mon préjudice, entre deux intrigans que j'ignore.. c'est pour cela que j'en suis parti inopinément (de Paris) et que j'ai dévoré les trente lieues (trente et une même).

NINETTE. Quel pari?

MOQUET. Un pari que tu tomberas dans le piége de la séduction. (*Voilà-t-il quelque chose de trivial? hein?*) Et cet Anglais, ce faux Anglais, ce misérable Anglais... (*d'un air entendu*) que je soupçonne perruquier!

LOLOTTE. Cela n'est pas possible!

MOQUET, *appuyant et élevant la voix.* Que je soupçonne perruquier, est un de mes adversaires. (*A part.*) Oh! j'ai de l'animosité contre lui!

NINETTE. Et comment as-tu su cela?

MOQUET. Par un digne jeune homme, par un vertueux artiste, excellente clarinette (quoiqu'il en joue comme un aveugle.)

NINETTE, *avec émotion, et baissant les yeux.* Une clarinette?

MOQUET, *avec joie, d'un air confidentiel.* Notre voisin d'en face, à qui je n'avais jamais parlé, et qui se trouve me porter le plus tendre intérêt.

LOLOTTE, *à part.* C'est l'autre... (*Haut, s'oubliant.*) Est-il bête!

MOQUET, *se méprenant sur l'intention de Lolotte.* Non, non, il n'est pas bête. Il arrive chez moi une heure après ton départ..

NINETTE. Eh bien?

MOQUET, *à Lolotte, qui tient le bocal, et s'est approchée de lui.* Posez donc votre bocal, vous me taquinez avec.

NINETTE. Mais parle donc!

MOQUET. Il arrive chez moi, les cheveux égarés, les yeux tout en désordre.

NINETTE, *à part.* Pauvre Adolphe!

MOQUET. Il me dit : Est-ce que Mme Moquet serait partie? — Oui. — Courez sur ses traces... je vous préviens qu'on en veut à votre bonheur intérieur... tout le monde en jase au théâtre... il y a ça, ça, ça, ça, et ça, ça, ça, ça, ça, et ça!.. seulement, je ne sais pas les noms.

LOLOTTE, *s'avançant de nouveau.* Est-il possible?

MOQUET, *la repoussant avec colère.* Reculez donc votre bocal!... (*A Ninette.*) Et il ajoute... la clarinette... d'un air sombre : « Si votre femme vous demande ce » qu'il y a de nouveau au théâtre, vous » lui direz, qu'un musicien va se jeter à » l'eau, pour cause de trahison de cho- » riste. »

NINETTE. Grand Dieu!

(Elle chancelle et tombe sur le fauteuil à droite. Lo- lotte passe à la gauche de Ninette.)

MOQUET[*]. Eh bien!... quoi?... elle se trouve mal!

LOLOTTE, *soutenant la tête de Ninette.* Eh! c'est vous, butor, avec vos histoires!.. Ninette! Ninette! reviens à toi!..

MOQUET, *à Lolotte.* Tapez-lui dans les mains, fourrez-lui une clef dans le dos... Ninette! ma femme! est-ce que je savais que ça te ferait un effet comme ça?.. (*Il donne furtivement un baiser à sa femme éva- nouie, et continue tranquillement sa narra- tion.*) Alors, moi, pour te suivre, j'ai pris la diligence... mais il s'est trouvé qu'il n'y avait plus que la rotonde; alors je me suis dit...

LOLOTTE, *l'interrompant.* Vous voyez bien qu'elle ne vous entend pas. Vite! un flacon... il y en a un dans la chambre.

MOQUET. Où ça? par là?

(Il va au cabinet de droite.

LOLOTTE. Non, par là!

MOQUET. J'y vas! (*Il se dispose à aller à gauche, puis redescend la scène d'un air fort inquiet, et dit à part.*) Voilà qui est un peu drôle! c'est moi qui suis... et c'est elle qui se trouve mal. Ceci m'intrigue!

LOLOTTE. Mais allez donc!

MOQUET. J'y vais. (*A part, en sortant par la gauche.*) Ceci m'intrigue.

* Moquet, Ninette, Lolotte

SCENE VI.
LOLOTTE, NINETTE.

LOLOTTE. Ninette! Ninette!

NINETTE, *revenue à elle.* Ah! maman! il mourra!

LOLOTTE. N'aie donc pas peur!... un musicien ne meurt jamais... que de faim.

NINETTE. Non, non, je le connais... il se tuera!

LOLOTTE. Laisse donc tranquille!.. il y en a vingt qui m'ont dit cela... et il n'y en a qu'un qui l'ait fait... en sautant par une fenêtre... et de chez une autre en- core... quand le mari est rentré.

SCÈNE VII.
LOLOTTE, JULES, NINETTE.

JULES, *rentrant doucement par la porte à droite.* Ninette!

NINETTE, *effrayée.* Ah!

LOLOTTE. L'Anglais!... Sortez, mon- sieur!... Moquet vous prendra pour un autre, il vous mangera vif!

JULES, *avec chaleur, se tournant alterna- tivement vers Ninette et vers Lolotte.* Je ne crains rien si je suis aimé de Ninette.

NINETTE, *avec réserve.* Monsieur!

LOLOTTE, *avec dignité.* Comment... de Ninette?... Monsieur! apprenez que ma fille...

JULES, *à Ninette.* C'est un tyran auquel je veux vous enlever.

NINETTE. Oh! oui! c'est un tyran, et un affreux encore.

LOLOTTE. Monsieur! écoutez...

JULES, *à Lolotte.* C'est son bonheur... que je veux!

(Il se jette aux pieds de Ninette.)

LOLOTTE, *faisant de la dignité.* Je ne vous dis pas; mais devant moi... des ter- mes pareils... (*A part.*) Grande nation! on a beau dire!

JULES, *quittant Ninette, et allant vers Lolotte.* Calmez-vous... tenez! voici un papier, une lettre pour M. Verdières qui vous expliquera...

LOLOTTE. Comment?

MOQUET, *en dehors.* Me voici! me voici!

LOLOTTE, *effrayée.* Mon gendre!

NINETTE, *vivement.* Éloignez-vous!

JULES. Ne craignez rien... il ne me re- connaîtra pas...

(Jules fait quelques pas de danse en tournant le dos à la porte de la chambre où est Moquet, et se di- rige vers celle du fond, lorsque Moquet paraît un flacon à la main.)

SCENE VIII.

JULES, *au fond*, LOLOTTE, NINETTE, MOQUET.

MOQUET. Se trouve-t-elle encore mal?

NINETTE, *à Jules, qui est au fond.* Partez donc!

MOQUET, *devant la porte qu'il barre.* Quoi! partez donc! à qui adressez-vous cette locution de : Partez donc!

(Il aperçoit Jules qui santille, en tournant le dos à tous les personnages; il veut voir son visage et passe entre lui et le mur, lorsque Jules se retourne, et danse toujours en tournant, et tenant ses doigts dans l'emmanchure de son gilet, Moquet le poursuit sans dire un mot; ils font ainsi tous deux le tour de la scène, et Jules disparaît par le fond sans que Moquet ait pu voir sa figure; il redescend la scène d'un air inquiet.)

MOQUET, *avec autorité.* Quel est ce tonton qui s'en va? (*Plus fort.*) Quel est ce tonton qui s'en va?

LOLOTTE. C'est notre Anglais, quoi!

MOQUET, *avec joie.* Le perruquier? ah! je te tiens! ah! tu profites de l'intervalle d'un flacon pour venir faire tes petites supercheries ici, toi! Attends! attends!

(Il sort en courant par le fond.)

NINETTE, *l'appelant.* Moquet! Moquet! *A Lolotte.*) Il va tuer ce jeune homme!

LOLOTTE. Moi, je ne sais plus où j'en suis... l'émotion... la croûte de pâté... j'aurai une *gastrique* !

SCENE IX.

LES MÊMES, VERDIÈRES, *puis* MOQUET.

(Verdières entre par le fond en boitant.)

LOLOTTE. Monsieur Verdières!

NINETTE. Ici? vous?

(Moquet rentre furieux et saisit Verdières au collet sans voir sa figure.

MOQUET. Ah! je te tiens! je te tiens! être vil et plat!

VERDIÈRES, *poussé en avant par Moquet.* Eh bien! eh bien! eh bien! qui est-ce qui me tient? Lâche donc! lâche!

MOQUET. C'est toi qui en es un. (*Il jette violemment Verdières sur la chaise à gauche; celui-ci, en s'asseyant, pousse un cri de douleur; Moquet paraît stupéfait.*) Monsieur Verdières* ?

VERDIÈRES, *étonné.* Moquet!..

MOQUET , *confondu.* Mille pardons !

* Moquet, Verdières, Lolotte, Ninette.

grand Dieu! est-ce que j'ai dégradé vos vêtemens?

VERDIÈRES. Rien! rien! (*Il se soulève et jette un petit cri.*) Aïe !

MOQUET. Mais comment êtes-vous ici?

VERDIÈRES, *d'un air piteux.* Bonjour, chère Ninette, bonjour Lolotte! (*A Moquet.*) Eh! cher ami, pouvais-je vous abandonner à vous-même; n'était-il pas du devoir d'un ami de courir sur vos traces ?..

MOQUET, *lui prenant la main, avec attendrissement.* Généreux vieux !

VERDIÈRES. Par malheur je n'ai pas trouvé de place dans les voitures publiques, et je suis venu... hélas! mon Dieu! je suis venu à franc-étrier!.. que voulez-vous que je vous dise ?.. oh !!

MOQUET, *à demi-voix.* Vous êtes entamé ?..

VERDIÈRES, *bas à Moquet.* Je le suis... (*Il se lève.*) Les chevaux étaient d'une humeur ! je suis assez bon cavalier... ces animaux-là sentent parfaitement quand ils ont en selle un homme qui s'y entend.

MOQUET. C'est sensible !

VERDIÈRES. Je ne suis tombé que quatorze fois de cheval pendant ces trente malheureuses lieues.

MOQUET. trente et une malheureuses, au dire des géomètres.

VERDIÈRES, *avec humeur.* Et, pour m'achever, vous venez me secouer comme un prunier de mirabelles.

MOQUET. C'est que je croyais que c'était mon jeune homme, (*bas*) l'homme à la lettre.

VERDIÈRES, *bas.* Il est ici?

MOQUET, *bas.* Lui-même !

VERDIÈRES. Et vous ne lui avez pas !..

LOLOTTE. Dites donc, monsieur Verdières , si vous venez pour monter la tête à mon gendre, vous pouvez vous en retourner.

NINETTE. Et tout de suite, encore !

MOQUET, *avec dignité.* Quel est ce langage adressé à un vieillard de mes amis? je vous prie de vous taire.

LOLOTTE. Je me tairai si ça me fait plaisir; vous n'êtes pas ici chez vous; vous êtes à l'auberge.

MOQUET, *à Verdières.* Ne faites aucune attention à ce que dit ma belle-mère. J'ai supprimé Florette, et le chagrin a timbré cette ouvreuse.

LOLOTTE. Oui, monstre !

MOQUET. Vous voyez? elle en convient.

VERDIÈRES. L'essentiel pour nous, c'est

que vous soyez arrivé à temps. J'avais une peur...

MOQUET, *lui prenant la main.* Généreux ami !

LOLOTTE, *s'avançant, avec colère.* Comment ? t'à temps ? comment ? t'à temps ? ne semble-t-il pas, à vous entendre ?..

MOQUET. Oui, t'à temps ! je reproduis son expression, moi.

LOLOTTE. C'est une horreur, c'est une indignité ! vous insultez ma fille, mon sang...

(Elle prend Ninette dans ses bras.)

MOQUET, *l'interrompant.* Terpsichore, je vous enjoins de vous calmer.

LOLOTTE. Moi ?..

NINETTE. Venez, maman, car je n'y tiens plus...

LOLOTTE, *très-animée.* Du temps de l'empire on aurait mis un être comme ça dans les charrois ; il n'était bon qu'à ça ! viens, ma fille, ton mari me tuera !

MOQUET, *tranquillement à Ninette.* Vous n'approuvez pas ce que dit votre mère, j'imagine ?

NINETTE. Vous n'êtes qu'un vilain homme ! allez, je vous abhorre !..

MOQUET. Comment ?

(Il reste un moment stupéfait.)

LOLOTTE, *bas à Verdières.* Et vous ! voilà un papier ! je ne sais pas ce que c'est ; mais ça vous regarde.

VERDIÈRES, *prenant le papier.* Moi ?

(Elles sortent, Lolotte, par le fond, Ninette par la gauche.)

SCENE X.

VERDIÈRES, MOQUET.

MOQUET. A-t-elle dit : *abhorre* ou *adore?*

VERDIÈRES. Abhorre.

MOQUET, *se passant la main sur les yeux.* J'éprouve une sensation pénible.

VERDIÈRES, *lisant.* « Vous avez perdu » les mille écus que vous paierez... » Il a gagné !

MOQUET, *inquiet.* Quoi ?

VERDIÈRES, *légèrement.* Une poule.

MOQUET, *plus inquiet.* Qui ?

VERDIÈRES, *de même.* Une poule de six mille francs.

MOQUET, *au comble de l'anxiété.* Qu'est-ce que vous venez me parler d'une poule ? j'en ai la chair. Expliquez-vous !

VERDIÈRES. Vous dites que le jeune homme à la lettre...

MOQUET, *très-vite.* Le perruquier ? il est ici, j'ai vu son dos ; il est frisé.

VERDIÈRES. Ecoutez, Moquet ! vous êtes un homme exalté !

MOQUET. Très-exalté.

VERDIÈRES. Il ne faut rien brusquer.

MOQUET. Ne brusquons rien.

VERDIÈRES. J'obtiendrai de votre femme des éclaircissemens qu'elle vous refuserait, à vous...

MOQUET. Oui, vous obtiendrez de ma femme des éclaircissemens qu'elle me refuserait... à vous... enfin, c'est égal, nous nous entendons parfaitement.

VERDIÈRES. Oui ! je vais aller la trouver.

MOQUET. Allez la trouver... c'est ça, moi je vais chercher l'Anglais... Allez, mon brave monsieur Verdières... je vous confie ma tête... (*avec importance.*) ma tête, je la mets dans vos mains ; car je crains de la perdre...

VERDIÈRES, *à part, en sortant.* Si ce petit drôle a réussi, je suis déshonoré, je n'oserai plus reparaître à l'Opéra.

(Il sort en boitant et en jetant des cris de douleur.)

SCENE XI.

MOQUET, *le regardant partir avec intérêt.*

Il est entamé ! excellent homme.... comme il s'identifie à ma peine ! hein ? en voilà un, d'ami, qui s'identifie ? est-il possible, grand Dieu! ma Ninette ! une femme qui faisait l'admiration de toute l'Académie royale, elle aurait tout d'un coup pataugé dans le crime !..

AIR : *C'était Renaud de Montauban.*
A l'Opéra tout est donc faux,
Que l'orchestre me le pardonne ;
Quand la nature a des défauts,
On re rembourre, on se cotonne !
C'est ainsi que l'air ingénu
N'est bien souvent qu'une écorce factice.
Ninette ! tu cachais le vice
Sous le maillot de la vertu ! (*Bis.*)

SCENE XII.

MOQUET, JOHN.

JOHN, *entrant.* Médème Mockett ?

MOQUET, *se retournant.* Monsieur.... Qu'est-ce que celui-là ?..

JOHN, *tenant une lettre qu'il cache à Moquet.* Médème Mockett...

MOQUET. Mme Moquet !.. Mme Moquet !

JOHN. Yes.

MOQUET, *fort étonné.* Yes ! c'est anglais ça... (*Avec une joie qu'il cherche à dissimuler.*) C'est mon homme... la Providence le jette dans mes griffes... bouchons les issues.

Il va fermer toutes les portes, et redescend près de John, qu'il regarde de près.)

JOHN, *sans bouger de place.* Médème Mockett?

MOQUET, *redescendant la scène, et à part.* Minute ici; dois-je le prendre par le raisonnement? ou par les cheveux? M. Verdières m'a dit de ne rien brusquer... c'est peut-être un lord qui se donne pour coiffeur ; sur le continent c'est très-commun ça... attaquons-le par la logique.

JOHN. Médème Mockett!

MOQUET, *avec respect.* Mylord, votre conduite est celle d'un lâche et d'un polisson, savez-vous?

JOHN. *Y do not understand* *.

MOQUET, *s'animant.* Parlez-moi dans mon *idiot*... ma femme est mariée, et, en France, il n'est pas permis d'enlever une femme à son mari, quand elle en a un... Ça ne se fait pas, c'est illégal, c'est incongru... comprenez-vous?

JOHN. Médème Mockett?

MOQUET, *élevant la voix.* Oui j'entends, Mme Moquet.

JOHN, *s'impatientant.* Médème Mockett?

MOQUET. J'entends parfaitement. (*A part.*) Il paraît qu'il comprend difficilement, parlons-lui anglais, à ce cuistre.... (*Il se pose devant John, et lui dit en gesticulant beaucoup pour lui faire comprendre ses paroles.*) Moi, dire à vous, à vous, moi, mon femme être là, dans son chambre; mais vous, entrir pas, moi nix, pas permettre, nix.

JOHN, *allant vers la chambre.* Yes, sir.

MOQUET, *l'arrêtant.* Yes, yes, moi je dis nix, vous dites yes, moi je dis nix... vous entrir pas chez mon femme.

JOHN, *le repoussant.* Yes, yes, médème Mockett! yes, yes.

MOQUET, *le prenant par le bras et le faisant pirouetter.* Ah ! mais si l'outrage s'en mêle...(*A part.*)Mettons-y des égards, c'est un lord. (*A John.*) Vous êtes un homme d'honneur... moi aussi... nous nous battrons ; l'épée, le pistolet, tout me va.... (*Avec véhémence.*) J'aurai ma vie, ou tu auras la tienne.

JOHN, *se plaçant comme pour boxer.* Goddam ! médème...

MOQUET. Yes, yes... (*A part.*) Il veut boxer... c'est un lord.

⚬⚬⚬⚬⚬⚬⚬⚬⚬⚬⚬⚬⚬⚬⚬⚬⚬⚬⚬⚬⚬⚬⚬⚬⚬⚬⚬⚬⚬⚬⚬

SCENE XIII.
MOQUET, NINETTE, JOHN.

NINETTE. Qu'est-ce donc? quel tapage faites-vous? que se passe-t-il?

JOHN, *reconnaissant Ninette.* Médème Mockett!

* On prononce : *Aï don note onderstond.*

MOQUET. C'est moi madame , qui défends à milord de vous voir, et qui veux me couper la gorge avec lui.

NINETTE, *étonnée.* Avec son domestique?

MOQUET. Vous dites ?

NINETTE. Eh ! oui, c'est son domestique, John.

MOQUET, *étonné.* Son domestique Janne ! (*Avec indignation.*)Comment? cet homme devant qui je m'inclinais, avec qui je prenais toute espèce de mitaines... c'était un domestique!.. un laquais!.. une négation sociale!.. et je lui proposais un duel !... moi fabricant... atiends, attends , drôle!.. (Il passe devant Ninette pour atteindre John, qui passe derrière elle, et se place à sa droite, tandis que Moquet, par suite de ce mouvement, se trouve arrêté par Ninette.)

NINETTE, *le retenant.* Monsieur Moquet, mon mari !..

MOQUET. Non... laissez-moi...

JOHN, *remettant furtivement un billet à Ninette.* Médème Mockett... *for you.*

MOQUET, *redescendant la scène avec indignation.* Et il lui remet un billet encore... un domestique anglais!.. il faut que je le tue!.. je paierai le droit. (Il passe devant Ninette, et veut se précipiter sur John, qui se pose en boxeur.)

NINETTE. Mon mari !..

MOQUET. Attends, misérable, je vais... ah ! ah ! (*John lui donne un coup de poing dans le côté droit et s'esquive.*) Oh ! (Il tombe sur la chaise à droite, en se tenant le côté.)

NINETTE, *effrayée.* Ah ! mon Dieu!

MOQUET, *reprenant sa respiration.* Décidément, c'est un domestique...

⚬⚬⚬⚬⚬⚬⚬⚬⚬⚬⚬⚬⚬⚬⚬⚬⚬⚬⚬⚬⚬⚬⚬⚬⚬⚬⚬⚬⚬⚬⚬

SCENE XIV.
MOQUET *et* NINETTE.

NINETTE, *avec inquiétude.* Il vous a blessé?

MOQUET, *douloureusement.* Dans ce que j'ai de plus cher... dans ma montre... qui est en cinquante millions de miettes... (*Il tire sa montre qui est brisée.*) Mais brisons là... (*Avec force.*) Il t'a remis un billet?

NINETTE. Je te demande, si...

MOQUET, *impérieusement.* Moi, je demande ce billet.

NINETTE. Eh ! mais vous le prenez sur un ton...

MOQUET, *criant.* Le billet... le billet...

NINETTE. Vous ne l'aurez pas.

MOQUET, *lui saisissant la main.* Je l'aurai...

NINETTE, *se défendant*. Monsieur Moquet... c'est indigne ce que vous faites-là !

MOQUET, *lui forçant la main*. Je ne dis pas... mais je l'aurai.

NINETTE. Non, non.

MOQUET, *prenant le billet*. Je le tiens !..

NINETTE, *derrière Moquet, tandis que celui-ci déplie le billet*. Rendez-moi ce billet... je ne sais pas ce qu'il y a... je ne l'ai pas autorisé à m'écrire des choses comme ça... mais c'est égal, je veux...

MOQUET, *sans l'écouter*. Juste ! l'écriture d'hier... ah ! milord !.. ah ! perruquier !. (*lisant.*) « Ma chère Ninette, laissez-moi » vous rendre heureuse. » (*A Ninette.*) Hein ! comme j'arrive à temps !

NINETTE. Qu'est-ce que ça prouve ?

MOQUET, *lisant*. « Je vous aime et veux » vous enlever à votre butor de mari...» (*A Ninette.*) Butor ! pour qui me prend-il cet homme-là ?

NINETTE. Je n'approuve pas son expression.

MOQUET, *avec importance*. Ni moi ! (*lisant*) « Dans un instant, ma chaise de poste sera » à la porte de l'hôtel pour vous attendre.» (*A Ninette.*) Voilà qui est vigoureux.

NINETTE. Je ne lui ai rien promis.

MOQUET, *lisant*. « Dès que vous y serez » montée, le postillon a ordre de partir » ventre à terre, jusqu'à la porte de la » ville, où je vous attendrai à cheval. » (*A Ninette.*) Voilà-t-il un toupet marqué !

NINETTE, *de l'autre côté*. Mais je ne savais pas...

MOQUET, *lisant*. « Pour faire arrêter la » voiture et me placer auprès de vous, » j'attendrai votre singe...»Qui ton singe ? qui ? (*Ninette baisse les yeux d'un air confus.*) Qui ? qui ? qui ? ton singe ?

NINETTE. Je ne sais.

(*Il la regarde avec dédain et s'éloigne un peu.*)

MOQUET, *lisant*. Ah ! « j'attendrai votre » signe... (*A Ninette d'un ton plus calme.*) Il y a votre signe. (*Continuant de lire.*) « Il » suffira de lever les stores ; répondez-moi » en secret. JULES. »

NINETTE. Cette lettre est affreuse.

MOQUET, *se promenant*. Ah ! le drôle !.. ah ! le manant !.. parce que je suis fabricant de maillots, et que lui, il est anglais... une puissance maritime !.. mais qu'il navigue... mais qu'il navigue... je lui laisse la suprématie sur les mers... même sur les belles mères... mais sur les épouses !..

AIR : *Pêcheurs, la matinée est belle*.
Ah ! ce serait un peu trop drôle,
Ce serait un peu trop joyeux
De vouloir me souffler mon rôle,
Et qu' pour le jour nous soyons deux !
Tu voudrais bien, au fond de l'âme,

Epris d'ses appas,
Vil insulair', m'enlever ma femme ;
Ah ! ah ! mais non pas,
Le roi des mers ne l'emportera pas.

(*Avec force.*) Si, une idée me frappe.

NINETTE. Quoi donc ?

MOQUET. Il t'enlèvera.

NINETTE. Jamais !

MOQUET, *lui montrant la table*. Toujours... mets-toi là.

NINETTE. Pourquoi faire ?

MOQUET, *impérieusement*. Ecris.

NINETTE, *s'asseyant avec effroi*. O Dieu ! vous me faites peur... Je suis comme mademoiselle Mars dans Henri III.

MOQUET. Tant mieux... O Alexandre Dumas ! je te pille, mon pauvre ami ; mais la chose m'y force... Ecris !

NINETTE. Que j'écrive... quoi ?

MOQUET. Ce que je vais te dicter.

NINETTE. Je ne sais pas l'orthographe.

MOQUET. Ce n'est pas nécessaire pour écrire aujourd'hui... (*avec violence*) écris, écris donc !

NINETTE. Mais quoi donc ?

MOQUET, *d'un ton arrogant*. « Mylord, » vous avez pardieu ! bien raison. »

NINETTE, *étonnée*, Comment ? pardieu !

MOQUET. En effet, l'expression est un peu... verdâtre... (*D'une voix caressante.*) » Vous avez bien raison...»Oui, comme ça (*D'une voix douce et cadencée.*) Vous avez » bien raison... mon mari est une espèce » de magot que je ne puis souffrir. »

NINETTE. Comment, un magot ?

MOQUET. Va ton petit chemin, j'en fais mon affaire.

NINETTE, *réfléchissant*. Magot ? magot avec un t ?

MOQUET, *vivement*. Oui... c'est-à-dire, non... magot, sans t comme *gigo*.

NINETTE, *écrivant* « que je ne puis souffrir... Après ?

MOQUET, *dictant*. « Je consens à me lais- » ser enlever. »

NINETTE. Je n'écrirai pas cela.

MOQUET, *lui serrant la main sur la table*. Ecris, ou je casse ta main.

NINETTE, *jetant un cri*. Ah ! vous me faites mal.

MOQUET, *d'un ton décidé*. Henri III en plein. *Dictant*, « Je consens à me laisser » enlever, et je lèverai les stores quand il » le faudra. »

NINETTE. Quelle horreur !..

MOQUET, *dictant*. « Adieu, mon ange. »

NINETTE. Mais c'est d'une indécence !..

MOQUET, *avec autorité*. Adieu, ton ange ! « Votre sylphide, pour la vie, NINETTE,

» femme Moquet, dame de chœurs à l'A-
» cadémie royale. »

NINETTE. Que je signe de pareilles choses?

MOQUET. J'en fais mon affaire.. (*Dictant*) » Amiens, le 12 décembre 1836* » (*descendant la scène avec agitation*) et ils appellent ça la Picardie... si j'étais la ville d'Amiens, je rougirais de voir ce qui se passe dans mon sein... (*A Ninette.*) As-tu fini? donne-moi-ça... où est ton auguste mère?

NINETTE. Là, au n. 10.

MOQUET. Bien!.. bravo!.. (*à Ninette d'un ton solennel*) et ensuite, s'il le faut, une séparation éternelle!..

NINETTE. Grand Dieu!

MOQUET.
AIR de Panseron.
Ma vengeance sera complète,
Je plane dans les cieux!

NINETTE.
Mais quoi?
Que veux tu donc faire?

MOQUET.
Ninette!
J'ai mon idée, elle est a moi! (*bis.*)
Tout est près... hâtons-nous.
(*Montrant la lettre.*)
Voilà mon piége, allons le tendre...
Ensuite, il faudra nous entendre,
Si je suis... très-bien, garde à vous.
ENSEMBLE.
Ma vengeance sera complète!
Oui, mon honneur m'en fait la loi.
Pour le séparer, Ninette,
J'ai mon idée, elle est à moi.

NINETTE.
Eh mais! qu'est-ce donc qu'il projette?
Ses regards causent mon effroi.
Mon ame est troublée, inquiète,
Je me sens trembler malgré moi.
(*Moquet sort sur l'ensemble.*)

SCÈNE XV.
NINETTE, *puis* VERDIÈRES.

NINETTE. Nous séparer!.. ah! quelle idée! quel scandale..... j'en mourrai d'abord..... (*On entend la clarinette jouant l'air du premier acte dans la coulisse.*) Grand Dieu!.. qu'est-ce que j'entends!.. c'est lui!.. Adolphe!.. mais comment?.. oh! non, non, c'est impossible!..
(*Elle est au comble de l'émotion lorsque Verdières entre à bas bruit, par la porte à gauche.*)

VERDIÈRES. Ninette! elle est seule!

NINETTE. Ah! vous voilà, monsieur Verdières... qu'y a-t-il donc? que se passe-t-il dans l'hôtel...

VERDIÈRES. Oh! rien, rien... c'est la voiture de la rue du Bouloy qui vient d'arriver.

NINETTE, *à part.* Oh! si c'était?

* Ici, l'acteur substituera à cette date celle de la représentation.

VERDIÈRES. Mais j'ai saisi le moment où votre mari est auprès de Lolotte... nous n'avons qu'un instant... Ninette, rassurez-moi sur un point.

NINETTE. Sur quel point?..

VERDIÈRES. Est-ce que ce jeune homme aurait touché votre cœur?

NINETTE. Pas le moins du monde... je me soucie bien de sa passion, par exemple...

VERDIÈRES, *à part, avec joie.* Il a perdu!

VERDIÈRES, *s'animant.* Écoutez, ma Ninette! on peut nous surprendre : je n'ai pas le temps de périphraser. Il y va de mon bonheur, de ma gloire même...

NINETTE, *à part* Tiens! lui aussi!.. (*Haut.*) Et l'autre qui va m'enlever!

VERDIÈRES. Comment? l'autre!.. mais moi, il y a de la poésie, il y a du drame dans mes affections! malgré mon âge, je suis palpitant d'actualité!.. revenez à Paris avec moi, je vous aime, Ninette... je vous aimerai toujours.

NINETTE. Mais, monsieur!..

(*Il lui saisit la main et lui prend un baiser.*)

SCÈNE XVI.
LES MÊMES, MOQUET.

MOQUET, *à la porte du fond, sans être vu de Verdières ni de Ninette.* Quoi! le vieux drôle!.. Oh! *tu quoque!* (*Il ressort rapidement, et dit à la cantonnade.*) Oui! la voiture est en bas; descendez vite!

VERDIÈRES, *interdit.* Moquet!

NINETTE, *à Verdières.* Voyez, si mon mari vous avait entendu!.. ce serait joli!
(*Elle entre à droite.*)

SCÈNE XVII.
MOQUET, VERDIÈRES.

MOQUET, *à part, descendant la scène d'un air malin.* Abusons-le!

VERDIÈRES, *avec hésitation.* Qu'avez-vous donc, mon brave Moquet? vous avez l'air... tout drôle!..

MOQUET, *à part.* Dupons-le! (*Haut.*) Vous êtes mon vieil ami, vous êtes ma vieille pratique...(*Il s'approche et lui crie à l'oreille:*) Savez-vous une chose? il y a des gueux de tout âge sur la terre.

VERDIÈRES, *tranquillement.* Je l'ai remarqué.

MOQUET, *de même.* On veut m'enlever mon unique épouse!

VERDIÈRES, *feignant la surprise.* Pas possible!

MOQUET. Voilà la hideuse vérité. (*A*

part.) Je vais te faire courir aussi, toi. (*Haut.*) Concevez-vous les conséquences de cet acte? voyez-vous où ça va? prévoyez-vous ce qui m'arriverait!

VERDIÈRES, *hochant la tête d'un air affirmatif.* J'en ai un soupçon!

MOQUET, *avec importance.* Quel préjudice pour moi, si je n'avais pris mes mesures en raison de ce. (*Il écoute.*) Eh mais!.. ah! mon Dieu!.. j'entends crier... on crie!..

VERDIÈRES, *courant à la fenêtre.* Une chaise de poste qu'on ferme!.. une femme qui se débat!

MOQUET, *feignant le désespoir.* C'est la mienne.

(Il rit, à part.)

VERDIÈRES. La vôtre? mais courez donc!.. mais opposez-vous...

MOQUET, *d'un air désolé.* J'ai perdu ma femme!..

(On entend le fouet du postillon et le bruit d'une voiture qui part.)

VERDIÈRES, *à part.* Et moi le pari!

MOQUET, *criant.* Un cheval! un cheval! garçon! garçon!

SCENE XVIII.
LES MÊMES, UN DOMESTIQUE.

LE DOMESTIQUE. Vous appelez, monsieur?

MOQUET, *hors de lui.* Un cheval, mon ami! servez-moi un cheval!.. elle est donc partie?

LE DOMESTIQUE. Cette dame? oui! elle a crié; mais vous avez dit de ne pas...

MOQUET, *lui mettant la main sur la bouche.* C'est bien! c'est bien! mais je vous demande un cheval... à genoux.

LE DOMESTIQUE. Il y en a un tout sellé, je vais le faire brider.

(Il sort.)

SCENE XIX.
MOQUET, VERDIÈRES.

VERDIÈRES, *étonné.* Vous allez la poursuivre à cheval?

MOQUET. Moi? du tout! je monte à cheval comme une paire de pincettes. (*avec force.*) c'est vous qui allez les poursuivre! je vous invoque.

VERDIÈRES, *effrayé.* Moi! encore à cheval?

MOQUET. Oui, vous! (*criant avec intention.*) mon vieil ami! ma vieille pratique! (*A part.*) Vieux coquin! va! (*Haut.*) Vous

voyez que je suis entouré d'une légion de scélérats; vous m'aimez, vous? (*A part.*) Je l'exècre! (*Haut.*) Vous êtes incapable de me trahir... dites?

VERDIÈRES. Sans doute, mais je suis dans un état...

MOQUET, *à part, avec joie.* Bien! bon! bien! (*Haut.*) Route de Calais... (*Lui donnant le billet.*) Tenez, il en est encore temps! vous sauvez ma femme!.. vous me sauvez!..

VERDIÈRES*, *à part.* Au fait, je me sauve peut-être aussi, et mes mille écus avec.

MOQUET, *à la fenêtre.* Tenez! le cheval est prêt... on vous attend... partez, partez, (*criant.*) mon vieil ami! ma vieille pratique!

(Il le pousse vers la porte.)

VERDIÈRES, *s'arrêtant avec mauvaise humeur.* Il est insoutenable avec ses épithètes. (*Moquet le pousse dehors et lui lance un coup de pied qui ne l'atteint pas. En ce moment Ninette sort de la chambre à gauche; Moquet lui fait signe de garder le silence, lorsque l'on entend la voix de Verdières. Hors de vue.*) Route de Calais?

MOQUET, *se précipitant vers la porte comme pour l'empêcher de rentrer.* Oui! oui! allez! allez!

SCENE XX.
NINETTE, MOQUET.

NINETTE. Qu'y a-t-il donc?

MOQUET. Chut! silence! (*d'un air de mystère et avec hauteur.*) il vous faisait la cour?

NINETTE. Qui?

MOQUET, *vivement.* Le vieux, l'exhumé!

NINETTE. M. Verdières!

MOQUET. Oui.

NINETTE. C'est vrai.

MOQUET, *riant, d'un air de mépris.* Je vous demande un peu! une cariatide couverte de flanelle! . ma parole! il n'y a plus de vieillards que dans les établissemens *ad hoc.*

NINETTE. Mais encore une fois...

MOQUET, *écoutant.* Écoutez!.. Il part... il court après Lolotte que j'ai fait enlever.

NINETTE, *effrayée.* Ma mère? enlevée?

MOQUET, *vivement.* A la bayonnette.

NINETTE. Comment cela?

MOQUET. J'ai fait remettre votre poulet... et puis j'ai dit à Lolotte que nous partions... quand une fois elle a été montée dans la voiture, avec les mânes de Florette sous son bras... fouette cocher!.. en route, la terpsichore du Tribunat!

* Verdières, Moquet.

NINETTE, *très-émue.* Maman abandonnée ainsi au milieu d'une route !..

MOQUET. Elle roule, laissons-la rouler!.. qu'elle aille ouvrir des loges à Mascara, à Ténériffe ; (*d'un air brutal.*) je fais des vœux pour son bonheur.

NINETTE. Mais c'est indigne !

MOQUET, *d'un ton calme et imposant.* Et maintenant, que nous voilà dans une position solennelle...

NINETTE, *le regardant avec crainte.* Grand Dieu !

MOQUET. Madame ! regardez-moi en face... Où en sommes-nous ?

NINETTE. Comment? où nous en sommes?

MOQUET, *avec une émotion croissante* Dois-je considérer la ville d'Amiens... comme le chef-lieu... de mon infortune?.. répondez-moi.

NINETTE, *tremblante.* Que veux-tu dire?

(Elle s'éloigne avec crainte.)

MOQUET, *s'éloignant aussi.* Dois-je dérouler ma honte... au Palais-de-Justice?

NINETTE. Nous séparer ?

MOQUET, *pleurant.* Suis-je ?

NINETTE. Malheureux !

MOQUET. Achève !

NINETTE. Tu en doutes! tu croirais ta femme capable...

MOQUET, *faisant un pas en avant.* Eh bien ! non... jamais !

NINETTE , *le regardant avec tendresse.* Léon !

MOQUET, *de même.* Ninette !

NINETTE, *de même.* Mon mari !

MOQUET, *de même.* Ma femme!.. ah ! (*Ils se jettent dans les bras l'un de l'autre, et restent un instant dans cette position, lorsque Moquet dit avec un accent de bonheur.*) Tu me jettes du baume ! (*Puis d'un ton sec et accentué.*) Sacristi ! je suis flatté de ça !

NINETTE, *avec douceur.* Ingrat !

MOQUET, *attendri, et d'un air caressant.* Tu l'aimes donc toujours, ton pauvre petit fabricant de maillots ? Veux-tu que je te dise le mot? il t'en sait gré.

(On entend la clarinette.)

NINETTE, *à part.* O ciel ! encore !

MOQUET, *avec joie.* Ah ! tu ne sais pas? C'est lui ! notre voisin!.. mon ami... cette bonne et précieuse clarinette !

NINETTE. Adolphe ?

MOQUET. Oui, Adolphe!.. je viens de le voir... il descendait de voiture... il quitte l'Opéra, la France... il va en Angleterre.. partons avec lui pour Londres.

NINETTE , *avec un mouvement de joie qu'elle réprime aussitôt.* Pour Londres !

(*D'un ton résigné.*) Oh ! non, pour Paris... loin de lui, bien loin de lui.

MOQUET, *frappé de surprise.* Ah bah !.. ah bah ! la clarinette aussi !

NINETTE. Ne m'interroge pas.

MOQUET, *à part.* Je tombe des Grandes-Indes !

NINETTE. Ne m'interroge pas... et crois-moi !

MOQUET, *prenant son parti d'un air résolu.* Eh bien ! oui, oui... je te crois. (*Avec exaltation.*) Voilà un aveu qui... Je suis sûr de toi... Je ne crains plus personne... partons !

ENSEMBLE, *chacun d'un côté de la scène.*

MOQUET.

AIR : *Connaissez-vous dans Barcelonne.*

A l'Opéra, Paris t'appelle ,
O ma Ninette , ô mes amours !
Des danseuses c'est le modèle,
Et de nos chœurs, quoique fidèle,
Ninette fera les beaux jours !

NINETTE.

A l'Opéra, Paris m'appelle ,
Moquet sera mes seuls amours.
Des maris il est le modèle,
Et de Moquet, toujours fidèle ,
Je veux faire encor les beaux jours.

MOQUET, *s'approchant et le prenant dans ses bras.*
Mon bonheur sera ton ouvrage !

NINETTE.
Ne crains plus rien de hasardeux...

MOQUET.
Ah ! que c'est doux le mariage !

NINETTE.
Quand on s'aime dans son ménage.

MOQUET, *avec enthousiasme.*
Et surtout quand on n'est que deux ! (*bis.*)

(Par un mouvement spontané, ils se poussent mutuellement, et vont reprendre l'ensemble chacun d'un côté de la scène.)

REPRISE DE L'ENSEMBLE.

MOQUET.
A l'Opéra, Paris t'appelle, etc.

NINETTE.
A l'Opéra, Paris m'appelle, e c

(On entend des coups de fouet et le roulement d'une voiture.)

NINETTE. Mais, qu'est-ce que j'entends ?

MOQUET, *à la fenêtre.* C'est la chaise de poste.

NINETTE, *allant à la fenêtre.* Et ces messieurs à cheval.

MOQUET, *avec une joie délirante* Ah ! ils peuvent venir à présent... je les méprise , je les foule aux pieds, comme deux insectes.

NINETTE. Ah ! gardez-vous...

MOQUET. Moralement parlant. (*A part.*) Ah ! je vais donc voir mon perruquier en face. (*On entend un grand bruit de voix en dehors.*) C'est elle ! gare aux yeux ! je voudrais des bésicles.

SCENE XXI.

LES MÊMES, LOLOTTE, *appuyée sur les bras du domestique,* puis VERDIÈRES *et* JULES.

LOLOTTE, *hors d'elle-même, allant s'asseoir sur la chaise à droite.* Enlevée ! moi... enlevée !.. ça ne m'était pas arrivé depuis 1804.

NINETTE, *allant près d'elle, avec intérêt,* Maman !

VERDIÈRES, *entrant, et se plaçant à gauche.* En voilà un tour... pendable !.. me faire courir après une vieille de cet âgelà.

JULES, *entrant, et se plaçant près de Verdières.* Parbleu ! je l'enlevais bien, moi.

MOQUET, *au milieu, apercevant Jules.* Ah ! l'homme aux maillots... je reconnais ses jambes.

JULES, *un peu déconcerté.* M. Moquet !

LOLOTTE, *essoufflée.* Ah ! ma fille, j'en échappe d'une belle... Quand j'ai eu levé les stores, ce jeune Anglais s'est jeté dans la voiture.

JULES, *riant.* Par erreur, bien certainement.

LOLOTTE, *montrant Verdières.* Lorsque le papa est arrivé... ça m'a sauvée.

VERDIÈRES, *faché.* Le papa, le papa !.. mais je voudrais savoir quel est l'impertinent qui s'est permis...

MOQUET, *fièrement.* C'est moi.

LOLOTTE, *se levant d'un air menaçant.* Vous, scélérat ! laissez-moi lui arracher les yeux.

MOQUET, *reculant d'un pas, et avec dignité.* Ninette, contenez l'ouvreuse ; contiens ta mère ! (*A Verdières et à Jules.*) Oui, c'est moi, moi seul, et si vous voulez m'en demander raison.

NINETTE, *effrayée.* Grand Dieu !

VERDIÈRES *et* JULES, *faisant un mouvement violent vers Moquet.* Oui, certes.

MOQUET, *avec calme.* La voilà, ma raison... c'est que... étant l'époux de ma Ninette, je ne me suis pas soucié... Dans la position de la question... je sais bien que vous allez me dire : il y a des maris qui.. bon... bien... ça les arrange... c'est leur manière de voir... mais, moi, non... sensible... j'aime mieux autre chose. (*Il rit.*) Ah ! ah ! ah ! et je vous ai prêté l'ouvreuse !

LOLOTTE, *à Moquet.* Insolent !

VERDIÈRES, *bas à Jules.* Dites donc, je crois que nous avons perdu tous les deux ?

JULES, *de même.* Alors, nous ne perdons ni l'un ni l'autre.

MOQUET. Des amis comme ça, merci ! (*Avec sentiment.*) Je n'en ai plus qu'un, d'ami... un bon, un sensible...

NINETTE, *avec intérêt.* Qui donc ?

MOQUET. C'est moi ! (*On entend la clarinette.*) Tu, tu, tu ! (*Il chante en faussant, et d'un air goguenard, l'air que joue la clarinette.*) Souffle, souffle, toi ! .. partons !

LOLOTTE, *d'un ton décidé.* Je pars avec vous.

MOQUET, *à Lolotte.* Il n'y a plus de place... mais demain, avec M. Verdières, à cheval... en croupe.

VERDIÈRES. Encore ?

MOQUET, *à sa femme, avec tendresse.* Et quittons pour jamais cette ville d'Amiens, qui ne se recommande réellement que par ses pâtés et sa cathédrale.

LOLOTTE, *à part, avec humeur.* Dont il est impossible de manger la croûte.

CHOEUR.

AIR *de Mathilde de Sabran.*

Hâtons-nous, partons pour Paris,
   Partons en diligence !
Et cette leçon doit, je pense,
   Profiter aux amis.

MOQUET.

AIR *du Code et l'Amour.*

J'ai dit et fait bien des sottises ;
Il est difficile, je crois,
Messieurs, qu'ell's soient toutes comprises,
En un seul jour, en une fois !
De s'prononcer quand on se presse,
En vingt-quatre heu's un avis peut changer ;
   Ce soir, applaudissez la pièce ,   } *bis.*
   Et rev'nez demain pour le juger. }

CHOEUR.

Hâtons-nous, partons pour Paris, etc.

FIN.

IMPRIMERIE DE Vᵉ DONDEY-DUPRÉ, RUE SAINT-LOUIS, N° 46, AU MARAIS.